销售36讲

从 ▶ 小 ▶ 白 ▶ 到 ▶ 高 ▶ 手

李觉伟 著

图书在版编目（CIP）数据

销售 36 讲：从小白到高手 / 李觉伟著 . —北京：机械工业出版社，2023.12
（2024.11 重印）

ISBN 978-7-111-74055-1

I. ①销… Ⅱ. ①李… Ⅲ. ①销售 – 方法 Ⅳ. ① F713.3

中国国家版本馆 CIP 数据核字（2023）第 198599 号

机械工业出版社（北京市百万庄大街 22 号　邮政编码 100037）
策划编辑：刘　静　　　　　　　责任编辑：刘　静
责任校对：贾海霞　梁　静　　　责任印制：刘　媛
涿州市京南印刷厂印刷
2024 年 11 月第 1 版第 5 次印刷
147mm×210mm・10.5 印张・4 插页・231 千字
标准书号：ISBN 978-7-111-74055-1
定价：69.00 元

电话服务　　　　　　　　网络服务
客服电话：010-88361066　机　工　官　网：www.cmpbook.com
　　　　　010-88379833　机　工　官　博：weibo.com/cmp1952
　　　　　010-68326294　金　书　网：www.golden-book.com
封底无防伪标均为盗版　　机工教育服务网：www.cmpedu.com

序

在中国，真正意义上的销售的历史只有四十多年。国内的销售实践还不丰富，顾问式销售、解决方案销售等专业销售模式对大多数销售人员来说依然陌生。很多企业不愿意也没有能力进行系统性的专业销售培训，因为企业本身就没有销售的概念和方法，也就不会对销售团队的建设做更多投入。甚至有些企业，从成立和产品推出时起，就始终专注于打造网络爆款，忽略了销售岗位的价值。

面对销售人员难以自我提升专业度的困扰和企业产品销售局面无法进一步打开的忧虑，我们也没有真正属于我们自己的系统性的销售书籍，来帮助应对这些问题。

当然，如你所见，现在市面上不乏以销售为主题的书籍，比如以"销售就是搞定人""大客户就是搞定人"为主题的书。这些书会教你一些如何搞定大客户，甚至如何把客户放进自己的口袋随身带走而不是放进企业的口袋的手段。这些手段所体现的价值观，我个人是绝对不认同的。它不仅不能引领你获得财富，还会令你触碰法律红线，甚至身陷囹圄。国内的销售行业原就没有构建起系统的理论，没有形成规范的做法，对此类价值观和行为方式的宣扬会让一些销售人员，尤其是销售新人，误入歧途。

作为一名有三十多年销售经验的资深销售人员，作为国内第一批在国外系统地接受过销售培训的人员之一，我希望能将真正的销售理论、三十多年的销售实践经验和大家分享，让更多人了解正规的销售工作是如何做的。

在改革开放初期，我离开中国去美国硅谷，接受正规、系统的销售培训。我从跨国公司的普通销售员做起，逐步成长为中国区总经理，并陆续在多家跨国公司担任此职务。打工多年后，我最终决定创办自己的公司，销售微软的软件，将300多家世界500强在中国的企业变成了我的客户。我公司开发的一款客户关系管理（CRM）系统还被IBM收购，冠名为"蓝色CRM"。2006年，我的这家公司被新加坡淡马锡财团旗下的新加坡电信成功并购。

最近几年，在应用我的"两个打造"（打造销售体系和打造销售团队）的众多企业客户中，有三家特别典型的企业，它们都是世界级的行业领军企业：

1）富士胶片，是创新转型最成功的外企之一。

2）三一重工，是年销售额过千亿元的最成功的民企之一。

3）沈鼓集团，是"挺起民族工业脊梁"的最成功的国企之一。

多年来，我工作所涉猎的行业有变，具体的工作职位有变，甚至跳出了原有角色，创办了自己的公司。但是，我作为销售人员的身份从未改变，它伴随我走过了这三十多年的职业旅程。也正因如此，我积累了很多关于看人、懂人、与人打交道的经验，也就是销售工作的经验。我希望把这些经验和方法论，传递给今天的年轻人。

出于这个初衷，现在我把这些经验归纳起来，分成专业化销售、大客户销售、渠道销售、顾问式销售、解决方案销售和销售管理六大部分，并结集成册，就是这本《销售36讲》。通过本书，我希望与有志于销售事业的你分享经验，陪伴你面对未来。回顾全球经济发展和我国改革开放四十多年的历程，全球商业领袖和行业领军人物中不少是真正懂销售或是做销售的人。我认为将来也不例外。只是这一次，随着大数据、人工智能（如ChatGPT）等的发展和应用，销售业界也将面临大浪淘沙。最后能成为业界翘楚的，只有真正懂得大客户销售、顾问式销售和解决方案销售的人。这个未来不遥远，就在今后的几年。

如果你想成为这个时代的销售高手，我要告诉你，请重视销售实践。只有通过实践的历练，你才能真正领会销售理论的精髓,收获自我的成长。本书就是我的销售实践笔记。书中"觉伟的故事"版块呈现的内容,都是我的亲身经历。你可以跟随故事中主人公们的脚步,逐步从销售 1.0 层次(产品销售),进阶到销售 2.0 层次(顾问式销售),甚至迈上销售 3.0 层次(价值销售)的最高台阶。

出于我的个人情结,我还为本书的每一讲设计了插图。在做销售工作的岁月里,我常常为完成销售指标夜以继日,是漫画陪伴我度过了那些时光,给了重压下的我不少欢乐和感悟。我也希望我的插图能为翻阅本书的你,带来快乐和对销售的不同体悟。

我的"觉伟讲销售"课程已经在喜马拉雅平台上线。现在已经拥有 70 万听众,每天都有学员参加我的"专业化销售""大客户销售""渠道销售"和"顾问式销售"训练营作业打卡和实战互动,这让我看到了大家系统了解销售的需求和学习的热情。

最后,愿本书伴随在销售路上的你。

目录

序

专业化销售

第 1 讲	什么是专业的销售	2
第 2 讲	客户的角色和应对方式	12
第 3 讲	读懂客户的需求	20
第 4 讲	销售的"黄金六问"	29
第 5 讲	从销售角度看个性	36
第 6 讲	销售人员的自我成长规划	44

第 2 部分 大客户销售

第 7 讲	什么是大客户	54

第8讲	初次拜访的开场白	63
第9讲	注重你的外表	71
第10讲	制订你的客户计划	79
第11讲	销售的高层拜访	88
第12讲	大客户销售不只是搞定人	99

第3部分 渠道销售

第13讲	认识渠道销售经理	110
第14讲	开发你的渠道经销商	118
第15讲	渠道布局的八原则	130
第16讲	渠道经销商的管理	139
第17讲	培养忠诚的渠道经销商	149
第18讲	渠道掌控为王	157

第4部分 顾问式销售

第19讲	什么是顾问式销售	168
第20讲	顾问式销售的"问"	177
第21讲	顾问式销售的"讲"	186
第22讲	顾问式销售的"做"	195
第23讲	顾问式销售人员的举止谈吐	202
第24讲	销售再升级：价值销售	210

第 5 部分 解决方案销售

第 25 讲	解决方案销售的基础	218
第 26 讲	商机的判断	228
第 27 讲	方案的呈现与演讲	237
第 28 讲	准备你的备选方案	245
第 29 讲	销售的谈判技巧	253
第 30 讲	销售的"临门一脚"	261

第 6 部分 销售管理

第 31 讲	销售经理的价值与角色	270
第 32 讲	组建优秀的销售团队	279
第 33 讲	销售指标的制定与分配	288
第 34 讲	销售工具：销售漏斗	296
第 35 讲	销售高手的成长旅程	306
第 36 讲	销售团队的管理秘诀	314

第1部分

专业化销售

　　作者有二十年任职全球著名公司的中国区总经理的经历。2006年，他创办的公司被淡马锡财团旗下的新加坡电信并购，新加坡电信除了看重作者公司的市场价值，还认可了他的专业素养。

第1讲 什么是专业的销售

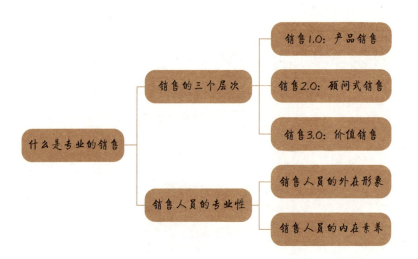

无论是刚入行的菜鸟，还是在业内摸爬滚打多年的资深人士，各个行业、各个职位的人，都希望自己的职场行为能被他人评价为"专业"。那么，在评判一名销售人员是否专业之前，你知道什么是销售，怎样的销售行为才能称得上专业吗？

销售的三个层次

谈及什么是销售，可能很多人会脱口而出："销售，不就是卖东西吗？"不做销售的人这样说无可厚非，假如你从事销售多年，还是这样理解的话，那就太过狭隘和肤浅了。如果销售的重点仅仅是卖东西，那么，在这个"To C"（to customer，即直接面向消费者）的网络销售盛行的年代，厂商只要在淘宝等网络平台开店，介绍自己所售产品的功能和价格就可以了，还需要销售人员吗？

一名真正的销售人员所做的，绝对不只是卖产品那么简单。他须将更多的精力放在面对产品的客户上，思考客户的利益和自己的价值。在销售的过程中，他要能高明地与形形色色的客户打交道，让客户欣然地接受他和他所销售的产品。

根据我三十多年的销售经验和对行业销售模式更迭的观察，我将销售划分为销售 1.0、销售 2.0 和销售 3.0 三个层次，如图 1-1 所示。

销售 1.0 层次，即产品销售。这是仅停留在卖产品层次的销售。我们常常看到，一些销售人员一个劲儿地向消费者说明他们的产品物超所值，强调产品功能的强大、价格的实惠。这些销售人员的销售基本只围绕产品展开，是典型的销售 1.0 层次的销售行为。

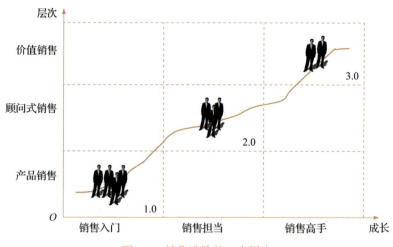

图 1-1　销售进阶的三个层次

销售 2.0 层次，即顾问式销售。它着眼于客户的需求与利益，更侧重于为客户提供一套可帮其解决实际问题、能让其受益的解决方案，而不止于提供产品。销售过程中，你很少会在客户面前将所介绍的产品、方案与自己竞争对手的相比较，而是告诉客户如何战胜他的竞争对手，让他取得长期的回报、收益。

销售 3.0 层次，即价值销售。我认为这是销售的最高境界。价值销售重在提出可为你和客户所共享的价值观念，并向客户推销这样的价值观念，在这一价值观念的引领下去制作、完善自己的产品和方案。成功的价值销售的结果，就是你与客户的共赢。

我来举个例子。创业融资，在今天对每一个创业者来说都再平常不过了。融资，其实就是把自己公司的部分股份卖给投资方。我们讲讲过去的摩拜单车（也就是现在的美团单车）创始人胡玮炜的故事。（她已经在 2018 年离开了摩拜单车，创立了自己的投资公司。）她当年带领摩拜单车获得了巨额投资，这就是一个"价值销售"的成功案例。

截至 2017 年 9 月，胡玮炜和她的团队就摩拜单车已经申请了 30 多项专利，且不断提升产品性能。她的自行车配备防爆实心轮胎，顾客再也不用担心爆胎，这大大提升了骑行的安全性。根据销售的三个层次，胡玮炜有三种办法可以争取获得资金的投入。我们来看看当年的胡玮炜是如何融资的。

第一种，推销自己的自行车采用了哪些最新的科技，外观有多么新潮等。这种做法属于销售 1.0 层次。

第二种，不只是满足于对自行车产品功能的推销，同时结合互联网，应用自行车无桩借还模式，从销售对象的需求出发提供方案，以解决现在困扰人们的短途出行交通工具的问题。这种方式属于顾问式销售，与产品销售相比较，进阶到了销售 2.0 层次。

第三种是胡玮炜采取的办法，她没有单纯地将产品和技术方案作为融资的卖点，而是推广"绿色出行、低碳生活"的理念和其社会价值，最终获得了十几亿美元的巨额投资。也就是说，她真正销售的不是自行车或者具体的出行方案，而是她的理念，前两者只不过是理念的具体实现形式而已。胡玮炜做的是价值销售，她达到了销售的最高境界，也就是销售 3.0 层次。

胡玮炜的成功给了其他创业者和销售人员很好的启示：销售 3.0 层次不仅关注产品的功能和解决方案，更关注价值的传递和社会效益。通过与客户进行深入沟通，了解客户需求，销售人员可以从客户的理念和使命出发，提供符合其价值观和生活方式的解决方案。

在今天，不管你是处于销售1.0层次还是2.0层次，又或者你正在努力地成长为达到销售3.0层次的优秀销售人员，首先你要清楚地了解作为一名优秀的销售人员应当具备哪些专业素养。

企业的销售团队从1.0层次提升到3.0层次的过程中，不同层次有不同的工具和方法，如表1-1所示。通过这张表，销售团队和每一位销售人员将明白销售不是靠运气，而是要像准备英语雅思考试和钢琴考级一样，需要一步一步进阶。

表1-1 销售工具和方法

六大部分	成长路径	觉伟方法论	销售工具和方法落地
专业化销售	学销售打基础	六问考量专业化	你（产品）给客户的利益和价值
大客户销售	有大客户订单	赢定大客户步骤	拟一个真实（匿名）的大客户计划
渠道销售	渠道销售经理	八个原则布渠道	从渠道布局到经销商管理
顾问式销售	价值销售精英	顾问式交付方法	找出你产品的竞争优势（唯一性）
解决方案销售	解决方案经理	商机判断的方案	学会把解决方案（服务）卖给客户
销售管理	销售核心高管	三个角色带团队	销售预测工具（漏斗）和成长旅程

企业可以十分清楚地衡量销售人员的能力和级别，助力他们实现从销售小白到销售高手的成长。

下面，我就从销售的入门基础开始，来谈谈我眼中一名优秀销售人员所应具备的专业素养。

销售人员的专业性

销售人员的外在形象

我认为,一名优秀销售人员的专业性,归根结底体现在两个方面:外在形象和内在素养,即销售人员的外表与内在知识。

销售人员的外表就是我们的"脸面",是我们留给别人的第一印象。我记得当年在美国硅谷学销售的时候,公司还专门请了一位来自英国的老师教授我们各种礼仪,如怎样吃西餐,如何系领带。

这里还有一个小故事。多年后我自己在上海开了公司,招了一名叫马修的美国留学生,他总是因为不会系领带而受到我的批评。有一天,他准备出发去见通用汽车(GM)的人员,我却发现他的领带系得非常到位,就问他:"马修,今天谁教你系的领带,系得不错啊!"马修笑着说:"是我的房屋中介,那个小青年教我的。"你们想想,这三十多年的变化,还是极其有意思的。

或许你会说,现在见客户,系不系领带已经没那么重要了。不过,就算不系领带,你也得懂得穿着应景。

假设你现在去互联网公司拜访,你的穿着确实无须过于庄重,但不同的穿着还是会给客户留下不同的印象。如果你裤腿短又没穿袜子,那么,你的客户将会把你定位为一个时尚的人,而不是一名职业的销售人员。就算是成天喜欢穿灰色 T 恤的脸书(Facebook)老板扎克伯格,他来中国访问时依然会十分得体地着装。

关于销售人员的外表,我将在第 9 讲"注重你的外表"做更为详细的讲解,现在先根据我的个人经验提出三个简单的建议,供男性销售人员参考。

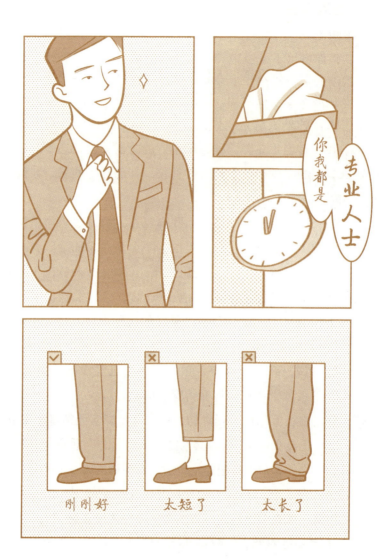

第一，作为销售人员，你选择的西服最好是深色的，且全身统一一个颜色。

第二，你可以不系领带，但系领带的话，最好不要每天都是同一条。出席正式场合，我会推荐佩戴口袋方巾。

第三，你的裤子一定要修身，裤腿不要过长。裤腿的长短，会影响他人对你是老派销售人员还是新式销售人员的判断。

或许有人会说，穿着对销售岗位来说真的有那么重要吗？绝对重要。不信你可以跟我来看看。

现在你的公司召开大会，你简单环视一下会议室，如果有一群人穿得花花绿绿，坐得东倒西歪，通常不是公司的运营团队、物流团队，就是后勤团队。如果有一群人着装整整齐齐，统一着深色西服搭配白色衬衫，坐姿也挺拔，通常不是销售人员就是顾问。有时，公司的同事会开玩笑地说，这是一群靠"外表"吃饭的人。

销售人员的内在素养

我们销售人员有着高要求的外表，不代表我们就是只依靠外在形象的花瓶。接下来我就要讲讲，展现销售人员专业性的第二个方面——内在素养，就是内在知识。内在知识分两个方面，一方面是内部知识，另一方面是外界知识。

内部知识指的是公司的产品、服务和品牌等信息。你要对它们有充分的了解，懂得你卖的产品是什么，懂得如何表达这些信息。比如，我要销售某品牌高尔夫球，我要懂的知识就有很多，这种高尔夫球有几层，它的特点是什么，它有哪些专利，品牌有多少年历史，甚至历届高尔夫球比赛中我们产品的使用率是多少,有多少冠军曾用过我们的高尔夫球……内部知识相对较好掌握,只要你肯用心。

外界知识涉及的面就更加广泛了。外界知识包括两大知识模块。

一个知识模块是行业知识,包括这个行业上下游方方面面的知识和行业规范。

另一个知识模块就是真正意义上的"外界知识"了,时事政治、体育赛事、流行事物等无所不包,彻底考验你的知识面。可能你会和客户闲聊起世界杯,谈到2018年世界杯德国队居然0∶2爆冷输给韩国队。如果各方面的外界知识你懂得非常少,那你可能是一个无趣的人。销售说到底还是与人打交道。一个无趣沉闷或者知识面狭窄的人,较难赢得他人的好感,也很难在与客户的交谈中打开局面,顺利完成与客户的生意洽谈。

小　结

销售不是简单地卖东西,它可以分为三个层次:销售1.0——产品销售,销售2.0——顾问式销售,销售3.0——价值销售。销售的最高境界就是价值销售。

一名优秀的销售人员要具备良好的外在形象与内在素养。销售人员的外在形象要求你衣着得体,这既是对客户的尊重,也能让自己信心满满。销售人员的内在素养则体现在你所拥有的内部知识和外界知识上。只有"内外兼修",你才能修炼成最优秀的销售人才。

思考题

1）你认为自己专业吗？为什么你认为自己专业或者不够专业？

2）作为一名销售人员，你对外表重视吗？你通常穿什么衣服外出拜访？

3）请你谈谈你的内部知识，包括你对产品的了解、对公司的认识。

本讲语音二维码

第2讲 客户的角色和应对方式

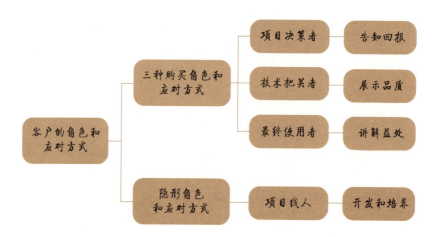

在日常销售过程中，我们会接触到形形色色的人。如果我们的销售仅仅是"To C"的就比较简单，我们的消费者可以直接决定是否购买我们的产品或方案，他们的角色相对单一，你只要学会应对此购买角色定位下的消费者即可。

然而，在"To B"(to business，即面对企业客户)的销售中，你会面临一个较长的销售周期。企业决策有一系列的过程，并且购买角色往往不限于一种，会有很多人直接或者间接地影响你最终的销售结果。这意味着，在对企业客户的销售过程中，你要与多种角色接触，说服他们接受你的产品或方案。根据我多年的销售经验，与这些不同的角色打交道，要有不同的策略和重点。

因此，这一讲我想探讨的主题就是客户的角色及你的应对方式。

三种购买角色和应对方式

一般来说，对客户的角色定位就是购买者。但因企业决策过程复杂，我们须逐一说服企业内部掌握话语权的人，所以我将企业客户人员的购买角色又细分为三种：项目决策者、技术把关者、最终使用者。

项目决策者

项目决策者就是最后决定是否购买你的产品或方案的决策人。此类人往往位高权重，在财务上有最终的支配权和决定权，能拿主意，能拍板付款。

在一个产品或方案的销售过程中，决策者通常只有一位，他比较喜欢询问"我的投入会有什么回报?"这样的问题。这表明回报是此种角色关心的重点。

你在和项目决策者打交道的时候,就应当有策略地明确告知他投资的回报,强调这个产品或方案可能为他带来的利益和价值,甚至对企业的长远影响。沟通交流过程中,你要避免长篇大论地讲述产品的特性、功能等,直击重点最见效。

技术把关者

技术把关者,就是项目里产品功能和技术上的把关人,可能是一个人,也可能是一个团队。在企业的决策过程中,他们主要负责产品的测试、分析与技术方案的把关,提供相关建议,而不是直接决定是否购买。他们经常会向你咨询一些更为专业、细节的问题,比如:"你产品的这些功能能满足我们的要求吗?""你产品的性能能达到这个标准吗?"

面对这种角色,你的重点应在于向他们展示产品的品质。策略上,你可选择尽量详细、清楚地说明产品的功能,尽可能多地提供技术认证资料。你也可以带他们去拜访已成交的满意用户,甚至提供用户体验服务,让他们亲身感受一下你的产品,这样会更具有说服力。

最终使用者

最终使用者,是你的产品或方案的最终用户。他们会非常关心你的产品或方案会给他们的工作带来怎样的影响,包括是否会影响他们的日常工作,是否使用方便,能不能提高工作效率等。

当你在销售过程中见到这些最终使用者,你就要向他们演示你的产品，清楚地讲解使用方法和售后服务，让他们相信他们的工作将因你的产品而更有效率、更加轻松。你要避免带给他们负担加重的感觉，比如要学习很多新技术，要增加很多技术性的程序。

以上便是我们在销售过程中常常会面对的三种购买角色：项目决策者、技术把关者、最终使用者。

隐形角色和应对方式

接受过专业销售培训的人都知道，想要成功完成销售，除了自如应对上述三种固定角色外，还须重视一种隐形角色，就是我们培训中经常会提到的项目线人（coach）。现在市面上还有专门的培训课程，名为"项目线人和项目线人的开发"（coach and coach developing）。这是非常有趣、受欢迎的一门课程，能让你意识到发现和开发项目线人对销售的特殊价值和帮助。

关于项目线人，专业的销售培训会传达给我们这样一个观念：在一场竞争激烈的项目争夺中，如果没有自己的项目线人，你胜出的可能性会很低。

通常，项目线人就是项目销售和打单的指路人。在整个销售过程中，他会为你提供一些有用的信息，包括项目的进展、客户内部的消息乃至竞争对手的信息。他能够带给你很多支持，甚至主动来询问你："我这些信息对你有帮助吗？"或者："怎么样才能帮你赢得这个订单？"

可见，拥有一个项目线人对赢单是多么重要。有时，你在项目中发现、开发和维护的项目线人，就是你的制胜法宝。

接下来，我将讲述我和项目线人的故事。

觉伟的故事

拜访客户是一名销售人员的日常工作，一般去公司拜访都需要在前台登记信息。在一次销售拜访登记时，我与所拜访公司的前台工作人员随意聊了几句，得知她姓吴。在此，我就称呼她为小吴。

作为销售人员，一般我会依照对方的个性将其归入驱动果断型、数据结果型、中庸温和型、表达欲望型四个象限中的一个象限，再据此来确定我与对方交流的方式。具体的内容我将在第5讲详细展开。

根据我的判断标准和以往经验，我确认小吴属于中庸温和型。与此类人打交道，要诀就是慢，你要慢慢地打开对方心扉，慢慢地培养相互间的信任。

很多销售人员去拜访客户，经过前台时头也不抬，匆匆而过，只希望快点见到客户。可我每次来拜访这家公司，经过前台时都会停下来，和小吴聊上几句。如果我和老板、同事一起前来，我也会主动把小吴介绍给他们，并且感谢她的热情接待和细心安排，让她感到我们对她的重视。

逐渐熟悉了之后，我发现小吴深层的个人需求就是被接纳。虽然小吴是前台工作人员，只负责公司一些简单的接待和行政工作，但她对公司的动向十分关注。每每看见西装革履的销售人员拿着一大堆资料来介绍产品，她都表现出了一定的关心。渐渐地，我还发现她是个有上进心、有职业规划的人，在公司中表现活跃、积极。在我们的沟通交流中，小吴也对我们公司产生了好感，和我建立了良好的信任关系。

第 2 讲 客户的角色和应对方式 17

很多人会觉得，从购买角色分析，小吴既不是最终使用者，也不是技术把关者，更不是项目决策者，可以说对我们的销售工作没有什么影响，为什么还要花时间和精力在这样的角色上呢？

然而事实上，随着对我们信任度的增强，小吴渐渐成了我们的项目线人。她凭借自身的职位优势，为我们提供了许多有用的信息，比如公司里谁的意见是决策人最看重的，我们的产品在公司试用后的真实反响如何。

小吴所提供的信息对我们销售策略的调整起到了决定性作用，帮助我们快速、准确地找到了销售的关键点和关键人，避开了其他销售人员无从判别的弯路，成功取得了这家公司的信任，最终顺利签单。

这件事告诉我们，不要忽略任何角色，某个你曾经认为无足轻重的小人物，也许正是影响你销售工作的关键。

小　结

销售过程中，你所面对的客户可能有四种角色，如图 2-1 所示。

图 2-1　销售过程中的角色分析

第一种是项目决策者，他们通常注重的是投资回报率、对企业的影响等较为宏观、整体的问题。第二种是技术把关者，是在功能上和技术上把关的人，通常关心产品的性能和功能，对他们要注意用数据和专业知识说话。第三种是最终使用者，对他们要强调产品对实现高效、便利工作的作用。前三者都在产品购买上具有影响力，而第四种项目线人则不同，他们是销售工作中的隐形角色，需要销售人员自己来开发。

在具体销售过程中，你需要根据不同角色的需求采用相应的策略，不能一份资料、一套话语"走天下"，个性化的分析才能帮你成功"攻克"各种客户。

思考题

1）你在销售过程中遇到的客户角色有几种？
2）你认为最难应对的购买角色是哪一种，请说明你的理由。
3）你发现、开发过项目线人吗？你认为项目线人对你的销售工作有什么作用？

本讲语音二维码

第3讲 读懂客户的需求

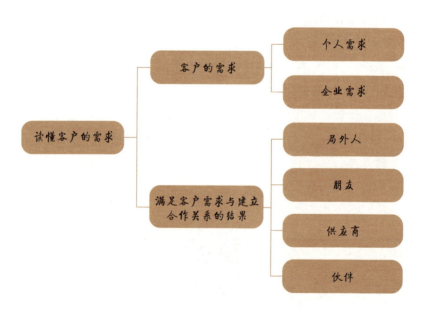

作为销售人员，我们有相当的共识：想要赢单就要满足客户的需求。但是，接触了那么多的客户，你真的清楚客户的需求吗？你知道客户不仅有个人需求，还有企业需求吗？这两类需求又可细分为哪些具体的需求呢？这一讲我们就一起来厘清客户的需求。

客户的需求

个人需求

在以往的销售培训当中，我常会让我的学员列举销售过程中他们所看到的客户的个人需求。非常有趣的是，我给他们的时间越多，他们写出的需求就越多，有的人甚至列了一张长长的清单。于是，有人纳闷了，客户究竟有多少个人需求呢？如果接受过正规的销售培训，你就会知道，看似复杂的个人需求归纳总结后也不过六大类。

继续往下看之前，你可以先停下来想一想：销售过程中你所遇到的客户都有哪些个人需求？你可以尝试着将你想到的写在表3-1中，再与我所归纳的六大类个人需求相比较，看看是否对应。

表 3-1　客户的个人需求

序号	客户的个人需求描述
1	
2	
3	
4	
5	
6	
7	

我认为客户有以下六大类个人需求。

第一类，权力。客户希望把个人的控制力和影响力展示给他人，从而得到自我满足。

第二类，成就。客户希望自己所做的任何事情都能有成绩，希望通过自身的努力可以取得一些建设性的成果。

第三类，被赏识。这类需求是比较普遍的，就是客户希望受到他人的器重，得到他人的尊敬。

第四类，被接纳。客户强烈地需要团队归属感，希望能获得大家的认可。

第五类，有条理。客户希望被大家评价为思路清晰、做事井井有条的人。这种需求常常能在技术把关者身上看到，他们往往有很强的逻辑性和条理性，同时希望这点能被他人认可。

第六类，安全感。客户希望任何事情都有安全的保障，没有任何风险，因此他们做事非常小心谨慎，极力避免冒险。

这六大类个人需求，几乎涵盖了客户所提出的方方面面的个人要求。我们销售人员想要赢得客户的"芳心"，就要仔细研究这些个人需求。针对不同的个人需求，要运用不同的语言技巧，选择不同的行为方式，详情可参考第21讲"顾问式销售的'讲'"。

每名销售人员都知道，只有尽量满足客户的个人需求才能取得订单。可是，我在培训中发现，有个问题常常困扰着想赢单的销售人员：对客户个人需求的满足是无条件、无底线的吗？我的答案非常确定：当然不是！

觉伟的故事

每次我请培训课堂的学员们列举客户的个人需求时，都会去了解他们所列举的内容，看是否和我的六大类客户个人需求一致。此时，总会有些活跃、大胆的学员来挑战我说："老师，难道你没有碰到过要回扣的需求吗？这个是我们销售过程中很容易碰到的呀！"甚至还有学员会赤裸裸地提问说："老师，我这个订单毛利有五十万元，给多少回扣比较能满足客户的个人需求呢？"

刚听到这些提问时，我感到非常吃惊。我能理解这种现象的存在，但这种理解并不代表我认可这一现象存在的合理性。毫无疑问，给回扣肯定突破了销售工作的底线，不仅有损商业道德，还违反了法律规范。

虽然过去了这么多年，我依然清晰地记得，在我成为销售人员的第一天，我的培训老师告诉我，当你不确定你的销售行为是否合适的时候，请用"电视测试"（television test）的方法自我审视，避免自己走上歧途。

"电视测试"是一种情境假设。假设你将自己计划采取的销售行为以纪录片的形式在电视上播放，如果所有的行为纪录都能公开播放，无须掩盖，就表明你可以这样做。反之，你就要认真反省自己的销售行为了。现在，让我们将你在销售过程中给客户回扣的情景投放到你想象中的电视屏幕上，你觉得能够播放吗？当然不能！

这已经不单是销售技巧和销售经验的问题了，而是关系到你的销售价值观和销售理念是否正确。如果你想要在销售的道路上走得稳当，走得长远，必须拥有正确的销售价值观和销售理念。只有正确的销售价值观和价值理念才能指引你成就你的人生。

企业需求

在满足了客户所有的个人需求之后，我们就能成功签单了吗？显然，还要考虑很重要的一点：在"To B"销售中，我们面对的其实是一个企业，企业本身也有需求。这是除了客户的个人需求之外，你要认真关注的。那企业需求又是什么呢？

总结起来，客户的企业需求不外乎三类。

第一类是财务上的需求。企业客户人员能投资你的项目或者购买你的产品，必然是想有一个好的投资回报率。因为财务上，企业既需要控制成本，也需要获得金钱上的收益。

第二类是绩效的需求。企业客户人员会希望你的项目或产品能帮助企业提高业绩，如果更进一步就是要帮助企业提高生产力。

第三类是形象的需求。很多企业客户人员购买你的产品或者与你合作项目，都是希望保持、提升企业的士气，维持企业的形象和美誉度，提高企业的知名度。

满足客户需求与建立合作关系的结果

在销售的过程中，我们既要考虑客户的企业需求，也要考虑客户的个人需求。那么，销售人员能否满足客户的企业需求或个人需求对最终的销售结果会有什么影响呢？这里我将介绍销售人员与客户间可能形成的四种关系类型（见图3-1），它们会分别带来不同的销售结果。

局外人。如果你既不能满足客户的企业需求，又不能满足客户的个人需求，你就将是个局外人，完全不用奢望获得该客户的订单。

		是否满足个人需求	
		是	否
是否满足企业需求	是	伙伴	供应商
	否	朋友	局外人

图 3-1　销售人员与客户间的关系类型

朋友。如果你能满足客户的个人需求，但是无法满足客户的企业需求，你将成为客户个人意义上的朋友。可是，这种朋友关系与企业订单的签订没有关联，你获得订单的概率还是不高。

供应商。如果你能满足客户的企业需求，但你完全不关心客户的个人需求，那你只是客户所在企业的供应商。靠单纯的供应商关系是可以出单的，只是这种工作关系经不起什么考验，一旦有竞争对手介入，你很可能被淘汰。

伙伴。如果你的竞争对手不单满足了客户的企业需求，还满足了客户的个人需求，那他将成功地与该客户建立起伙伴关系。这种关系是前述你可能已经建立起来的供应商关系无法对抗的。

因此，想要成为一名优秀的销售人员，你要学会培养与客户的良好关系，如图 3-1 所示，要能同时满足客户的个人需求和企业需求，与之建立深厚的伙伴关系。要知道，只有真正的伙伴关系才能战胜单纯的供应商关系，带来稳固、持久的合作。

觉伟的故事

20世纪90年代，我曾在美国知名的系统软件联合公司（System Software Associates，SSA）任职，是该公司在中国的第一个业务代表。我们所销售的产品是名为BPCS（Business Planning and Control System）的企业资源计划管理（ERP）系统。

当时，国内某行业的特大企业往往是地方的纳税大户，资金充足，购买力强，因而也是我们要重点"攻克"的大客户。在成功拿下该行业多家企业的订单之后，我们将目光投向了国内该行业的龙头企业。我们公司的老板杰姆决定抓住机会，亲自拜访该厂厂长。

那时，当地的省县高速公路尚未完全建成，公路状况不好，杰姆坐了一天一夜的中巴后终于见到了厂长，可一见面就碰了钉子。一进门，厂长就直接向杰姆咨询国内该行业其他厂家购买了什么管理系统软件。杰姆回答说是我们公司的BPCS软件。厂长立刻就拒绝了杰姆的销售介绍和软件演示，说："我厂就不考虑BPCS了，因为老大不会买老二选择的东西。"

这样，最后他们没有选择和安装使用美国系统软件联合公司的BPCS软件。

很明显，这位厂长在其语言中表现出了他强烈的权力需求。虽然我们的产品可以满足其企业需求，但因无法凸显该企业的龙头地位，而没能满足决策者厂长个人的权力需求。这样，我们始终没有赢得这个客户。

小 结

想要赢单，你必须满足客户的需求。客户既有个人需求，又有企业需求。

个人需求可分为权力的需求、成就的需求、被赏识的需求、被接纳的需求、有条理的需求、安全感的需求六大类。在尽可能满足客户个人需求时,你若对自己的销售行为合适与否举棋不定,可用"电视测试"的方法自我审视。客户的企业需求则有三大类,包括财务上的需求、绩效的需求和形象的需求。

我们要争取同时满足客户的个人需求和企业需求,这样才能与客户建立长期稳固的伙伴关系。

思考题

1)在销售过程中,你的客户表现出了哪些个人需求?
2)你知道你的客户的企业需求是什么吗?客户所在的企业为什么有这样的需求?
3)请讲述你所理解的企业需求和个人需求之间的关系。

本讲语音二维码

第4讲 销售的"黄金六问"

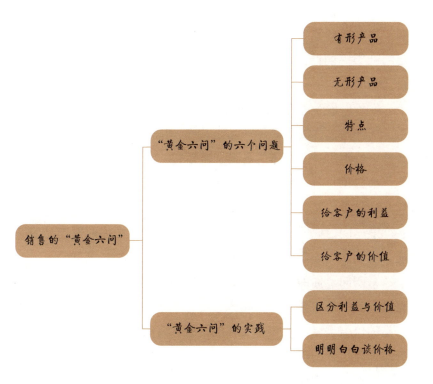

我常常发现，很多销售人员推销了半天自己的产品，却没能介绍清楚自己卖的到底是什么。如果你连卖什么都介绍不清，又如何能说服消费者、说服客户来购买你的产品呢？这一讲我就是要给你提供一个高效的方法——"黄金六问"，帮助你快速地认清自己卖的究竟是什么，然后能有条有理地向客户介绍、展示。

"黄金六问"的六个问题

"黄金六问"，简单来说，就是你询问自己六个关于产品的问题，在自问自答中，逐步形成对所售产品的清晰认知。不论你销售哪种类型的产品，"黄金六问"都能让你迅速进入状态，熟悉自己的产品。

你可以依序思考这六个问题。

第一问，你卖的有形产品是什么？你的答案可能是软件、设备等。请你用一个具体的名词来概括它。

第二问，你卖的无形产品是什么？这个答案的范围会比较广，可能是权威、经验、形象等。

第三问，你所售产品的特点是什么？就是请你回答产品的品质、功能、优势等体现在哪里。

第四问，你的产品价格如何？作为销售人员，你一定要熟悉自己产品的价格体系、折扣体系等，了解自己产品的价格在同类产品的价格谱系中处于什么样的位置，有无价格优势，明了你的产品如此定价的因由。

第五问，你能给客户带来什么利益？也就是说，如果企业客户或消费者购买了你的产品或方案，它可以得到怎样的具体收益？这点你得非常清楚，这往往是客户人员在最后考虑是否拍板付款时最为关心的一点。

第六问，你能给客户带来什么样的价值？价值与利益不同，很难用具体数字来量化，也不一定立刻在当下有所体现，但你仍要努力让客户人员感受到这笔订单所蕴含的价值。

这六个问题简单来说，就是将你在卖什么的问题拆分为有形产品卖什么，无形产品卖什么，特点是什么，价格是多少，能给客户带来什么利益，能给客户带来什么价值。这样是不是就很清晰明了？

在日后的销售过程中，不管你销售什么样的产品，随时随地都可以借助"黄金六问"梳理清楚自己卖的究竟是什么。

"黄金六问"的实践

知道了什么是"黄金六问"，有的人可能依然会困惑，该如何在具体销售实践中运用它呢？在这里，我将分享我的两个例子，看看我对"黄金六问"的运用是否会带给你一些启发。

觉伟的故事

我和我的团队曾把我们的产品和解决方案卖给上海浦东国际机场。我们销售的是机场航班信息系统（Fly Information System, FIS）。

在销售这个系统的时候，我会用"黄金六问"来帮助自己梳理销售思路：

1）我卖的有形产品是一个机场航班信息系统。

2）我卖的无形产品是德国法兰克福机场等大规模国际机场的信息管理经验。

3）这个系统的特点是软件成熟，有开放的接口，由西门子（Siemens）公司总承包，又有本地化的支持。

4）这个系统的价格是1600万美元。

5）带给客户的利益包括能全面学习先进的机场信息管理经验，拥有更成熟的解决方案和相对更短的项目实施周期。

6）带给客户的价值是，客户会因为采用这套系统而让自己的机场信息管理达到世界先进水平，成为世界一流的国际机场。

看完这个例子，你可能认为"黄金六问"适合此类所谓高大上的项目，对自己产品的销售并无助益。那我就再来谈谈我卖过的泰特利斯（Titleist）550元一盒的高尔夫球。

为更好地销售高尔夫球，我也需要回答"黄金六问"：

1）我卖的有形产品是一盒十二颗的泰特利斯高尔夫球。

2）我卖的无形产品是泰特利斯品牌，这个著名品牌正被87%的专业高尔夫球选手所选择，占有相当大的市场份额。

3）这种高尔夫球的特点是三层球，表面应用了能让球旋转得更快、打得更远的窝蜂技术。

4）高尔夫球的价格是550元一盒。

5）给客户带来的利益就是赢球，使用这种高尔夫球的人可以把球打得更远，让球在球洞旁软着地，更容易停球，从而获得更好的成绩。

6）带给客户的价值主要是增强客户打球时赢球的信心。

上面这两个例子已经充分表明，不管你的产品是何类型，都可以在正式销售前用这"黄金六问"给自己做一个测试。

虽然"黄金六问"看起来简单明了，实际应用中你还是要学会灵活运用，不能死板地"以不变应万变"。根据我多年的销售经验，具体实践中还有两个关键点值得你注意。

区分利益与价值。很多销售人员会在陈述这两点时遇到困难。我会建议你先写好稿件，试着讲给身边的人听一听，看他们是否能很好地理解你所阐述的内容。然后，你再结合他们的回馈来反复修改稿件，进行陈述练习。这样练习的效果会更好。

明明白白谈价格。大多数销售人员会认为，"黄金六问"中最容易回答的就是价格。然而，他们所有的回答中，最令我不满意的往往就是关于价格的部分。

在回答价格问题时，销售人员经常会有"我们产品的价格非常便宜""我们的产品价格非常有竞争力"等表述。其实，客户询问价格就是想获得一个具体的数字，而不是这些模糊不清的回答。如果你总是含糊回应而不直截了当地报价，不但不能吸引对方，还会适得其反，让客户认为你没有真材实料，从而导致对你的印象大打折扣。

在上面"觉伟的故事"的分享中，你是否仔细观察过我如何回答价格问题？没错，我的答案分别是："这个系统的价格是1600万美元。""高尔夫球的价格是550元一盒。"我明明白白地将产品的价格报给了客户。要知道，销售人员给出的答案，该清楚的时候就不能含糊不清，能明确地表达也是你专业性的体现。

小　结

不管你销售什么产品,"黄金六问"都能让你最快地了解你所售卖的产品,让你有条理地向客户介绍。"黄金六问"就是有形产品卖什么,无形产品卖什么,特点是什么,价格是多少,能给客户带来什么利益,能给客户带来什么价值这六个问题。

你要通过反复练习来想清楚你销售的是什么,这会让你在实际销售过程中显得更专业、更有效率。

思考题

1)用"黄金六问"来自问自答你在卖什么。
2)你认为,给客户的利益和给客户的价值两者的区别是什么?
3)思考一下你卖的无形产品是什么。

本讲语音二维码

第5讲 从销售角度看个性

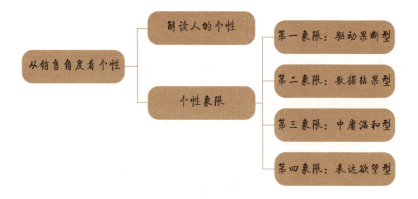

我们身边经常会有这样的事情：工作日，公司同事打算一起外出吃午饭，大家正对吃兰州拉面还是上海小笼包犹豫不决的时候，总会有人跳出来，以自信、果断的口吻建议说："我们就去吃兰州拉面吧！"久而久之，这个人就在午饭吃什么这类小事上主导着大家。对于这样一位"午饭领军人物"，你会如何定位他的个性？

学会看人，对销售人员来说十分重要。能通过看似平常的事情定位每个人的个性，是我们需要具备的重要技能。面对形形色色的客户，我们该如何迅速而准确地判断他们的个性呢？

解读人的个性

以销售人员的眼光看待人的个性，与一般人平时谈论他人个性还是有区别的。我们销售人员不仅要了解客户的个性，还要进一步解读、定位他们的个性。我在美国接受销售培训的时候，就收获了解读个性的生动一课。

觉伟的故事

三十多年前，惠普（HP）和IBM招收了很多不同专业背景的精英，并将这些高素质的新人集中在一起进行销售培训。我有幸成为其中的一分子，和世界各地的新人一起去美国接受培训。

培训的第一个项目就非常出乎我们的意料。当时，我们这些销售新人想当然地认为，销售培训就是教授销售技巧，或是介绍与业务直接相关的产品知识。然而，在大家做完自我介绍之后，培训老师马上就开启了个性判断环节，让我们相互判断彼此是什么个性。

以我为例,在我站起来三言两语地介绍完自己的背景之后,我被老师要求坐下,将头埋入两臂之间,不许看别人。接着,老师会问这些来自全球各地的同学:"What kind of social style does everyone think John has?"就是请大家凭借我简单的介绍和此前与我短暂的接触,一起来解读、定位我的个性。

这堂课上,不论来自中国、新加坡、美国本土还是其他国家,每个销售新人都要完成这个判断练习,大家依次进行,一起了解彼此有什么样的社交风格和个性特征。

个性象限

下面我们就具体谈谈如何从销售人员的视角出发定位人的个性。一般来说,我们会以更有理智还是更有激情、偏随和还是爱竞争为衡量尺标,将人的个性划分为四个象限,分别定义为驱动果断型、数据结果型、中庸温和型和表达欲望型。

你可以绘制出"个性象限图",如图5-1所示,形象地了解四个象限所对应的人的个性类型。

如果用形象化的人物来对标,我认为电视综艺节目《非诚勿扰》中的四名主持人就很合适,因为他们正好分属四个象限,且对应个性象限的特征在他们身上非常鲜明地展现出来。

第一象限的人理智又热爱竞争,属于驱动果断型。

他们往往个性直率,比较大胆,也敢于承担风险。在你和他们的沟通交流中,他们会始终看着你,用较为通俗的语言和你对话,说话时的表情会很生动。

我们来看乐嘉,他就是驱动果断型的人,属于第一象限。他看人时会死死地盯着对方，你可以看到他锐利的目光。在对爱情与色彩的专题研究方面，他又表现得非常理性。

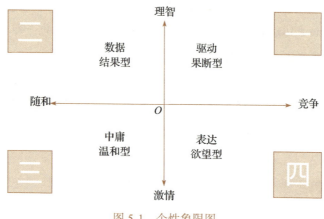

图 5-1　个性象限图

第二象限的人理智又随和，为数据结果型。

他们理智，很少将个人的情绪表现来。他们重事实，讲逻辑，喜欢用数据说话，说话时的面部表情比较少。

《非诚勿扰》中的姜振宇，则是比较典型的数据结果型的人，属于第二象限。他说话的目的性很强，注重条理，但目光漂移不定，不会一直盯着对话对象。他做事非常较真，喜欢关注细节，善于批判地思考问题。

在我们的日常销售实践中，当你遇到第二象限的技术把关者，你一定要把产品的参数、交货时间和项目实施周期逐一交代清楚；甚至你把项目的进展风险都讲出来，他们反而会更能接受你，因为这满足了他们批判性接受的需求。你越是讲这个没问题，那个没问题，他们会越反感。

第三象限是中庸温和型的人，如果你的客户随和但富有激情,他就属于这个象限。

他们与其他象限的人相比偏随和,做事不紧不慢,与人相处不争不吵,尽量避免冲突的发生。他们很少在交流中打断别人,喜欢提问多于陈述,对往事这类话题较为感兴趣。

属于中庸温和型即第三象限的人,在《非诚勿扰》中很明显就是黄菡老师了。你们有没有发现,她看人总是那么温柔,点评不会过于主动和辛辣,她有耐心有热情,是一个很好的倾听者。第三象限的人通常会被认为是像母亲、老师一样的人。

那么,你认为第三象限的中庸温和型的人最容易打交道吗?或者说最容易搞定吗?这么想,你可能就错了,在他"好的,好的……"的背后不一定完全是对你的认同。

第四象限的人富有激情、热爱竞争,属于表达欲望型。我培训的学员曾用孔雀来比喻这个象限的人,真的非常形象。

往往有激情的人喜欢也善于表现自我。他们外向开朗、热情奔放,更为情绪化。在与你对话时,他们面部表情丰富,爱用夸张的手势,会保持与你的目光接触。

提到表达欲望型的人,在《非诚勿扰》中,不用我说,你们一定会想到孟非,他非常有代表性。他看人的目光犀利,说起话来滔滔不绝,全身洋溢着激情,不乏感性。

通过与《非诚勿扰》电视综艺节目主持人的对照,你是不是对各个性象限有了更清楚的认识呢?你不妨停下来练习一下:想想自己是第几象限的人,想想你的老板、周围的同事分别在第几象限,你的丈夫(或者妻子)在第几象限。如果现在的你正迫切地渴望得到女友家人的认同,可以好好想想女友的母亲(你未来的丈母娘)又是第几象限的人。

应用"个性象限图",既对我们的销售工作大有帮助,又能有效提升我们与老板、团队沟通的效率。

记得我以前在做一个南京项目的时候,有一位美国的同事飞到南京来辅助我们工作。从机场回南京市区的路上,我就快速、准确地运用这套理论告诉我的这位美国同事:"我们将要拜访的客户,是购买角色中的技术把关者。他的个人需求是有条理,希望自己清晰的认知能得到他人的认同。个性上他属于第二象限,就是数据结果型。"你看,简单几句话就把一个短期内要拜访的客户描述得清清楚楚,大大提高了我们之间的沟通效率。

小　结

销售人员要学会看人。这一讲,我们用一张"个性象限图",简单明了地将各色各样的人定位至四个个性象限:第一象限驱动果断型,第二象限数据结果型,第三象限中庸温和型,第四象限表达欲望型。

你可以尝试着用这四个象限来定位和区分生活中接触到的各类人。当你能够得心应手地运用这四个象限判断他人个性时,你就会自然而然地将这套理论应用到销售实践中,大大提升你的销售能力。

思考题

1)如何获得冷静又精干的客户的重视?如何应对既注重数据又会挑刺的客户?

2）如何获得中庸温和型客户的信任？面对滔滔不绝的客户，你该如何跟他打交道？

3）除了在销售上，你觉得"个性象限图"还能在哪些方面给你启发？

本讲语音二维码

第6讲 销售人员的自我成长规划

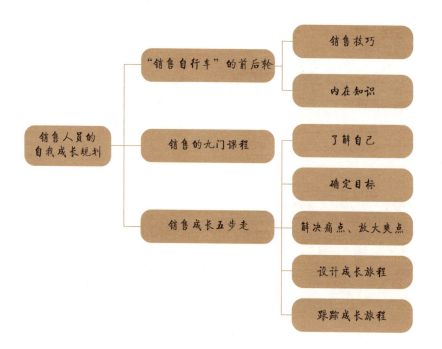

也许你刚入行做销售工作,你的公司为你这样的新人制订了销售培训计划,但不是每个公司都会这样做。也许你不知不觉已经做了好几年的销售工作,可惜一直没有学会如何清晰地规划自我培训、成长的旅程。

因为见过太多想努力提升自己却找不到方向的销售人员,本讲我准备专门来谈谈销售人员的成长,让不管是销售菜鸟还是资深销售人员的你,学会给自己制定一份清晰、完备的培训清单,迈出成为一个销售达人的坚定步伐。

"销售自行车"的前后轮

打个比方,销售实践就像骑单车,只要协调好前后两个车轮,就能把车骑得又快又好。如图 6-1 所示,我们这辆"销售自行车"所装备的两个车轮分别名叫"销售技巧""内在知识"。

图 6-1　销售自行车

从图 6-1 可以看到,内在知识是"销售自行车"的后轮,也就是驱动轮。我们只有拥有丰富的内在知识才能在销售路上骑行得更远。内在知识我们已在第 1 讲"什么是专业的销售"中详细讲解了，它既包括对公司、产品的了解等内部知识，也包括行业知识、时事政治和兴趣爱好等共同组成的外界知识。前轮则是你在销售职场中学到的销售技巧，它在后轮内在知识的驱动下带领你快速前行。

图 6-1 的右半部分，罗列了当年我在美国惠普公司参加培训时的九门课程。时至今日，这九门课程依然十分经典，涵盖了一个销售达人所应具备的各项能力，认真学习它们会让你受益无穷。

接下来，我想分两步来继续谈论销售人员的成长。

第一步，详细地介绍我认为对销售人员来说非常重要的这九门课程的具体内容，让你了解学习它们对你销售能力的提高会有什么帮助。

第二步，教你制订销售人员成长计划的五个步骤，让你能稳健地踏上你的销售成长旅程。

九门课程奠定坚实基础

我在美国学习的这九门课程兼顾了销售实践的方方面面，有着非常清晰的成长脉络，可谓成就每个销售达人的职场利器。

第一门课是专业销售。这门课教授了每名销售人员必备的基本技能，也是本书第 1 部分"专业化销售"的来源。这门课解答的核心问题是：如何定义一名专业的销售人员，销售人员的专业性体现在什么方面？

第二门课是销售判断。当任何一个销售的商机来到你面前，你要先判断它是不是一个好的商机，客户有没有购买力，客户的购买周期多长等，再决定要不要做这单生意，投入多少精力做这单生意。我在第 2 部分"大客户销售"和第 5 部分"解决方案销售"中都会谈到销售判断。

第三门课是购买角色。我曾在第 2 讲"客户的角色和应对方式"中提到，在销售过程中实际上有四种客户角色：项目决策者、技术把关者、最终使用者、项目线人。这一讲还教了你怎么发现、发展项目线人。这一隐形角色常常被一些销售人员忽略，却在实际销售过程中非常重要。不少企业会专门请我具体讲解项目线人的发掘和运用。

第四门课是个性分析。在第 5 讲"从销售角度看个性"中，我们依据个性把人归入四个象限，分为四种类型：驱动果断型、数据结果型、中庸温和型、表达欲望型。"个性象限图"会在销售过程中帮助你精准地判断客户人员的个性类型，了解他们的需求。在第 11 讲"销售的高层拜访"中我会再次涉及这个话题，你要从所拜访的高层的办公室布置、肢体语言等方面观察他们的个性侧重点，从而相应地制订个性化的沟通方案和策略。

第五门课是沟通技巧。这门课主要通过各种练习来提高你的沟通技巧，从而大大提升销售过程中的沟通效率。我会在关于销售拜访、销售的开场白、销售谈判等方面的部分中讲到沟通技巧。

第六门课是拜访高层。它主要教你如何在练习中树立拜访客户高层的自信心，从而让销售实践中的拜访顺利完成。至今，这门课仍然备受重视，惠普和 IBM 等大公司都设有专门的培训课程。我至今还能想起我当年接受培训时的演练场景，比如我如何根据当时场地的布置、高层扮演者的动作等决定了我的沟通策略。

第七门课是演讲技巧。想要在这个方面有所提升的人，可以参加一些演讲培训课程。一篇完整的演讲稿主要分为开场白、主体、结尾三个部分，你可以从这三个部分着手练习。在第 27 讲"方案的呈现与演讲"中，我会谈到如何用演讲技巧展现你的自信，表达方案的重点。演讲技巧的掌握和灵活运用绝对会让你受益终身。

第八门课是谈判技巧。这些谈判技巧包括率先开价、制造沉默压力、给多套方案、突出你的损失等，在第 29 讲"销售的谈判技巧"中我会进一步展开。

第九门课是渠道管理。最初 IBM、惠普等国外大公司进入中国市场就是依靠渠道销售，而今天我们的华为、创维等公司走向世界市场也同样是通过渠道销售。本书第 3 部分，我们会专门学习渠道销售及其管理，用愿景掌控、品牌掌控、服务掌控、终端掌控、利益掌控五种手段掌控好我们的渠道。这门课的重要性，从渠道销售还占据现今销售市场的最大份额就可见一斑。

本书的 36 讲将会呈现这九门课所要求销售人员掌握的内容，为你的销售成长旅程打下扎实的基础。

销售成长五步走

清楚了销售人员所要掌握的内容，我们就应该有序地规划我们的学习与成长。在此，我想教你为自己设计一个销售成长旅程。我把销售成长分为了以下五步。

第一步，就是静下心来了解自己，聆听你内心真实的声音，写下自己销售工作中的痛点与爽点。

首先请你认真想一想，你销售工作中的痛点是什么。可能你的痛点是个性内向，不知道在会谈中如何开口。知道了痛点，还要列举你的爽点。爽点是你愿意从事销售这份职业的心理动机。可能你的爽点是能见到各式各样的人，每天面对不同挑战，这些都让你精神振奋。

第二步，就是确定自己想要成为的销售达人目标。

你可以去问问身边的人"一名好的销售人员应该是怎样的？"。你也可以观察公司里业绩最突出、综合技能最好的销售人员。在这些了解和观察的基础上，形成你自己期望达成的销售达人目标。

第三步，问问自己怎样可以做得更好，解决现有的痛点，放大自己的爽点。

举例来说，客户总是与你在价格上纠缠，令项目停滞不前，这是你当前的销售痛点。那你该如何解决呢？你要反复练习，用价值销售来说服对方，而不是始终与对方在价格上纠缠不清。如果与各式各样的人会面让你感到兴奋，那这就是你的爽点。你可以在每次见客户前运用"个性象限图"将其定位，甚至发掘他表面需求背后所潜藏的更强烈的个人需求。每次对看人识人结果的成功验证是不是会放大你的爽点，让你更有动力？

第四步，设计你的销售成长旅程。

你首先要认识到你与销售达人的差距所在，再根据所认知到的差距设计你的成长旅程。你需要考虑将你的成长旅程划分为哪几个阶段，设置哪几个站点。在每个阶段你都要有可量化的目标和考核标准，要努力分阶段到达不同的站点。

第五步，跟踪你的成长旅程。

你要根据前述设计的目标和考核标准，一站一站地考核、跟踪自己的成长旅程，通过每个量化的站点，实时跟踪自己所处的位置，及时调整策略，以按期完成目标，顺利抵达销售达人这一终点站。

小　结

每一名销售人员都应该给自己列一份囊括九门经典销售课程内容的自我培训清单，用方方面面的知识武装自己，不断提升销售技能。在学习和实践的过程中，更要依循五个步骤，认真地为自己设计一个可以量化的销售成长旅程，然后脚踏实地一步步晋升为销售达人。

思考题

1）你对自己的销售成长旅程有清晰的想法吗？
2）请设计自己的销售成长旅程，看看你有哪些销售技能有待提高，又准备如何提高。
3）做了一段时间的销售工作，你感觉你真的入门了吗？你是如何评价自己的？

本讲语音二维码

第 2 部分

大客户销售

作者在上海、北京、广州和南京开设公司，世界500强在中国的企业中有300多家是他公司的大客户，上海浦东国际机场项目是他典型的大客户销售的成功案例。

第7讲 什么是大客户

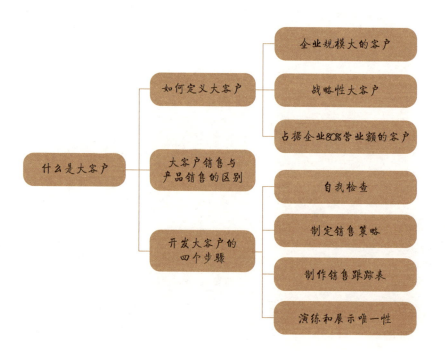

2018年，我收到了一份特别的销售培训邀请。这份邀请来自一家"90后"创办的、以线上的手表销售为主要业务的公司。这家公司明确地表示希望我对他们的员工进行大客户销售培训。一家以"To C"为主要销售方式，直接面向消费者的互联网零售公司，怎么会需要我进行大客户销售培训呢？

在继续谈这个邀请前，我们要先来了解什么是大客户销售。大客户在销售工作中举足轻重。对销售人员个人而言，普通客户几万元的订单与大客户几十万元甚至几百万元的订单，自然是天差地远。对企业来说也是一样，大客户才是全年业绩的根本所在，只有挖掘大客户，深耕大客户资源，企业才能健康快速地发展。可是，什么样的客户是需要及时把握的大客户呢？这也是常常让销售人员困惑的问题。

如何定义大客户

如何精准地判断自己的客户是不是大客户？我想可以从客户的企业规模、客户在企业发展中的战略地位、营业额占比三个方面着手。这样，你的大客户将由以下三类客户组成。

第一类，企业规模大的客户。

这类客户往往是众所周知的大型企业、地方税收的支柱型企业，比如说宝钢股份、北汽集团、玉溪卷烟厂。这类客户的特征非常鲜明——产品需求量大，购买力强，有完善的决策机制和多种购买角色。它们一旦有产品需求，自然是人人都想争抢的大客户。

第二类，战略性大客户，也就是我们常说的目标性大客户。

这类客户是对企业的发展有战略意义的客户，因为各个企业战略方向不同，这类客户往往容易被大家忽略。比如，你觉得一家保定的驾校会是你的大客户吗？假设你所在企业的业务是销售保险，成功与驾校建立长期的合作关系能让驾校学生都买你的保险，那么，驾校自然就成了你的大客户。

还记得这一讲开头我所提到的互联网零售公司吗？经过我的了解，这家公司的领导者希望拓展他们的销售渠道，不再单纯在独立网店售卖他们的产品，计划下一步与唯品会深度合作，在这个平台上售卖他们的手表。此时，他们就是将唯品会作为了战略性大客户，因而有迫切的需要去学习如何开发和维护这样的大客户。

看了这两个例子，你是不是对大客户有了新的认识？下面，我再讲讲战略性大客户助力我拓展销售版图的故事，让你进一步了解战略性大客户的重要性。

觉伟的故事

2000 年，我开始自己创业，创办了中圣公司，并成为微软的渠道经销商。我公司软件销售的第一轮目标客户是外资企业。在"攻克"300 多家世界 500 强在中国的企业后，我公司成为微软在中国最大的渠道经销商。为进一步拓展客户群，我和团队将教育系统定为了第二轮目标客户。

我首先向微软申请了针对教育系统的特别优惠折扣，然后把上海教育系统中的上海中学作为了我的战略性大客户。我和团队以优惠的价格向其售卖了第一套正版微软软件。在这个过程中，我们不断地向学校宣传使用正版软件的重要性，并送上微软的教育试用版给学校的学生、老师使用，耕耘这块销售领域。

就这样,我们以上海中学为切入口,把微软的正版软件逐步推广到上海其他学校。最后,整个上海教育系统都应用了我们所销售的微软正版软件。

第三类,根据二八定律确定的占据企业 80% 营业额的客户,其数量约占企业客户总数的 20%。

这约 20% 的大客户是企业上上下下都非常重视的,可谓企业创收的根本。如果你所在的是化工企业,扬子石化、金陵石化就会是你的大客户;如果你所在的企业销售电梯零部件,那三菱电梯、迅达电梯就一定是你的大客户。这些大客户都是塑造企业形象的样板客户,需要重点关注和深度挖掘合作潜力。

大客户销售与产品销售的区别

明确了什么样的客户是大客户,你可能会选择一些目标客户进行洽谈。在此之前,你一定要先知晓大客户销售和产品销售有什么不同,这样才能"对症下药"。如表 7-1 所示,两者的区别主要体现在以下四个方面。

表 7-1 大客户销售和产品销售的区别

	产品销售	大客户销售
销售周期和决策过程	短	长
购买角色和决策者	当事人是决策者	多个购买角色
客户利益和客户关系	简单、短期、局部	复杂、长期、广泛
销售重点和关注对象	注重产品的外观和功能	注重为客户带来的价值和回头客

第一，销售周期和决策过程不同。

产品销售也可以称为交易型销售，就是我们常见的单纯的买卖，它的销售周期短，消费者的购买决定比较快。大客户销售则涉及更多层面，销售周期和客户决策过程相对较长。以前述的互联网零售公司为例，此前它开独立网店销售手表，就是产品销售，只要消费者点击并购买产品即可，销售周期非常短。当想要争取唯品会这类大型电商平台作为自己的客户时，他们就要首先通过培训制定销售策略，依据策略一步步与对方达成深入合作，努力成为其合作伙伴。这个过程与产品销售相比更复杂、漫长，你不能急于求成。不过，一旦打开局面，你的收益也将非常丰厚。

第二，客户的购买角色和决策者不同。

在产品销售中，购买者、决策者、付款者等角色基本都归于一人。大客户销售则不同。像唯品会等大客户一般会有多个购买角色。是否选择你为合作伙伴，将你的产品放到平台哪个类目，能否对你的产品进行首页推荐等一系列的事项，将由诸多部门、多个角色共同协调决定。

第三，客户利益和客户关系不同。

产品销售中，消费者与厂商的关系是简单、短期而局部的。消费者购买你的产品，只要是在他自己所能承受的价格范围内，符合其要求即可。但在大客户销售中，客户往往有较复杂的企业需求，在财务、形象、绩效等方面都有特别的要求，这要求厂商与客户间建立起长期、广泛的合作关系。还是以唯品会为例，你就需要分析，你能给唯品会带来多少销售额，唯品会销售你的产品能否提高平台的格调，你产品的点击率、转换率等能否帮助唯品会提升绩效……

第四，大客户销售与产品销售的销售重点和关注对象不同。

对"90后"经营的互联网零售公司来说，原来仅在独立网店销售手表时，销售重点就是手表的外观和功能。在大客户销售中，销售重点就转变为公司能为唯品会带去的利益和价值，如成为唯品会的合作伙伴，会为这个平台带去怎样的知名度和美誉度等。同时，公司会致力于为唯品会带来更多的回头客。

为这家互联网零售公司完成大客户销售培训之后，我一直很有兴趣地对它的唯品会项目进行持续跟踪。最终，这家公司赢得了唯品会这个大客户，它的销售额也由此增长了数倍。这就是经营大客户所带来的巨大收益。

开发大客户的四个步骤

帮助你了解产品销售和大客户销售的区别之后，我想分享一下自己三十年大客户销售的经验。根据我的大量成功案例，我总结了四个开发大客户的步骤。

第一步，自我检查。

在尝试去做大客户销售前，你首先要问问自己，自身的专业水准是否达到了可以做大客户销售的程度。如果你的专业度还有待提高，在外在形象和内在素养、拜访高层的能力等方面的修炼都还不够火候，那么即使你做大客户销售，也无法成功。你可以制订一个销售学习时间表，全方位地磨炼自己，提升综合素质，早日晋升为能进行大客户销售的销售达人。

第二步，制定销售策略。

针对每个大客户，你要制定相应的销售策略。如果没有合适的销售策略，你的销售实践也无法成功。制定大客户销售的策略大致可分为两个阶段：

1）第一阶段是给客户画像，列出客户的组织结构图，了解结构图中的每个角色，对不了解的角色插上小红旗标注。

2）第二阶段是根据客户画像评估销售机会，理清客户各购买角色的企业需求和个人需求，分析竞争对手。

第三步，制作销售跟踪表。

你需要根据你的销售进程制作销售跟踪表，依表执行你的销售计划，并在过程中不断对照、调整。你所制作的销售跟踪表要涵盖每个销售周期所要完成的事项、对具体销售状况的跟踪。比如，我们想要赢单的话，项目线人是一个不可忽略的关键，那么，你发现和发展项目线人的计划就是销售跟踪表的一部分。

第四步，演练和展示唯一性。

把握临门一脚的时机，展现你的方案和你的企业的唯一性，是你在销售拜访前要反复演练的，而且你要达到可以自然而然地表达的熟练程度。

小　结

本讲的重点在于帮助你了解什么是大客户。你可以从客户的企业规模、客户在企业发展中的战略地位、营业额占比三个方面着手，将企业规模大的客户、战略性大客户、占据企业 80% 营业额的客户从你的客户群中挑选出来重点开发。

你还可以在了解大客户销售与产品销售不同之处的基础上，依循自我检查、制定销售策略、制作销售跟踪表、演练和展示唯一性四个步骤来开发你的大客户。请勇敢地迈出属于你的大客户销售的第一步吧！

思考题

1）在你的客户中，哪些是大客户？你如此判断的理由是什么？
2）你的销售周期一般是多久？你把你的销售周期划分为几个阶段？
3）大客户销售中，你最大的困惑是什么？

本讲语音二维码

初次拜访的开场白 第8讲 08

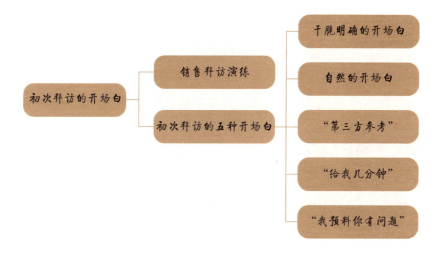

机会，总是留给有准备的人。多年的大客户销售中，我常常想起这句话。作为销售人员，你能够预约到一个优质的客户、甚至一个潜在大客户的销售拜访时间，已经非常不易。但是，当拥有了如此难得的机会，很多人又开始恐惧，不知道该如何进行这么重要的销售拜访，该用什么样的开场白来打破初次见面的尴尬局面。这一讲，我们就重点谈谈初次销售拜访中的开场白，让你不打无准备的仗。

销售拜访演练

觉伟的故事

我在美国参加惠普的销售培训时，学会销售拜访、学会设计销售拜访的开场白是重要的一课。

培训的第一步是让销售新人们了解自己的公司，掌握销售人员所需的内在知识。当时，培训老师向我们介绍大量的公司背景信息，讲述了公司名称"惠普"的由来，带领我们参观了公司发源地——位于艾迪生大街367号（367 Addison Avenue）的著名车库……记得我们第一次上台做销售拜访演练时，所有的学员都尽可能陈述我们所得到的公司信息。但是，我们的老师却频频摇头，他反问我们："你们认为你们所讲的内容客户会感兴趣吗？"

于是，培训的第二步就将重点转向了客户，就是让我们这些销售新人学会了解人。我们要从客户的肢体语言、办公室布置等方面去解读他的购买角色，认识他的个性和个人需求，从而设计自己的销售拜访开场白，甚至完成电梯游说（elevator pitch）的设计。最终，你要将自己掌握的所有知识压缩为客户最希望获得的信息，让自己的销售推荐能够为客户所接受。模拟拜访三菱总裁是培训的第二步中检验我们所学的终极环节。

根据我在美国的这段培训经历，我们可以看到，在销售拜访上，经过正规、系统的销售培训的人员与未经培训人员之间的差异还是相当明显的。如果你想迅速提升自身初次销售拜访的效果，我会推荐你在平时进行电梯游说演练。

电梯游说是一个非常经典的销售场景，它假定你与客户在电梯里偶遇。而且，这个电梯不是上海金茂大厦七八十层的高层电梯，它仅有七八层。也就是说，你需要在不到三十秒的时间里完成与客户的快速、有效沟通。这是非常考验个人能力的。你可以在家中掐着秒表，多多练习，学会简练、精准地表达你的核心销售内容。

初次拜访的五种开场白

四种常用开场白

初次销售拜访与其他的销售拜访不同，我们必须在一开始就引起客户的注意，让他们愿意继续听我们的销售推荐。这点在电梯游说中尤其重要。通常，我们会采用四种常用的开场白：干脆明确的开场白、自然的开场白、"第三方参考"、"给我几分钟"。

第一种，干脆明确的开场白。

这种开场白就是直接告诉客户你为什么而来，即为某个项目或者某个解决方案而来，开门见山，目的明确。例如，你可以说："陈总，今天我是为了给您介绍我们公司的机场航班信息系统来的，我相信这个系统会帮助您公司建成的机场成为国内甚至是国际上管理水平最好的机场……"这种干脆、直击重点的开场白，能充分表现出一名销售人员的自信心，赢得客户的好感。

第二种，自然的开场白。

这种开场白是让人感到舒服的、自然的个性化表达。你可以事先精心设计、练习，但在拜访时还是要表现得自然，不露痕迹，不要带给客户造作、虚伪的感觉。一见面就恭维对方："啊，您的西服很漂亮。"或者说："啊，陈总，我看您怎么这么帅！"这就非常不自然，反而会让客户感到不适，令谈话气氛变得尴尬。

自然的开场白可以从你真实的感受、经历出发。如果以拜访自己公司的老板为培训内容，像"陈总你好，我是刚刚进入公司的，将会分配到××部门做销售"，就是一个非常自然的开场白。甚至简简单单的一句"陈总您好，请问您上几楼？"也是非常好的。然而，我在销售培训时却很少听到这样自然的开场白。

第三种开场白，通常被称为"第三方参考"。

采用这种开场白时，你是以较为客观、中立的第三方的姿态出现，提出一些客户公司或者所处行业可能存在的问题，继而本着希望为客户解决问题的态度提出相应的建议。

这种开场白的好处在于，如果措辞得体，常常给人一种诚恳、务实的感觉，能增强客户对你的信任。你可尝试问你的客户："很多人都注意到，行业里最近好像存在几个问题，就是……如果您有兴趣花时间了解一下，我们也许能够帮到您。"

第四种开场白，也是我个人非常喜欢的开场白，可以概括为"给我几分钟"。

你的开场白可以是："陈总，我今天想占用您几分钟，来讲一讲我为什么到这里来。我会讲三点，您看可以吗？可以的话我现在就开始……"通常，这时陈总会看着你，点点头说："开始吧。"

这类开场白虽然好，但是你千万要把握好两个尺度。

一是控制陈述时间。你提出来的"我想占用您几分钟"，最好不要超过五分钟。如果你张口就说要二十分钟，那陈总肯定会直接婉拒你："下一次吧，我这次没空。""对不起，我后面还有个会议。"如果你的陈述只要三五分钟，客户多半不会拒绝。

二是控制内容要点数量。你应直接表明所要陈述的要点数量，并且控制不超过三点。如果你不管三七二十一就开始"第一……第二……第三……"地列举产品特点，客户就会毫无头绪，不知道你会讲多久，从而失去耐心，对你产生反感情绪。如果一开始你就表明只要陈述两三点内容，客户一般都会静下心来听你的陈述。

特别的开场白——"我预料你有问题"

除了上述四种常见的开场白，资深的销售人员还会采用一种叫作"我预料你有问题"的开场白，先抛出类似"你们企业有问题"这样的话，引起客户的好奇，引发客户的追问，再阐述自己的观点、建议。我的好友哈里就经常在初次销售拜访中用这样的开场白。

觉伟的故事

我的好友哈里是某跨国企业大中华区的渠道销售经理，他已为这家跨国企业工作了二十多年。

哈里初次销售拜访的开场白通常都是："你们企业有问题。"说完这句话，他转身便走。有趣的是，一些客户就会满心好奇地跟上去，想听哈里如何谈论自己企业的问题。哈里就会扔下一句："你们企业的沟通有问题。"然后继续往前走。不出所料，那些客户就会睁大眼，面面相觑，觉得好生佩服，因为自己企业的沟通确实存在问题，于是就更想听哈里往下细说了。

尽管事实上每个企业的沟通或多或少都存在问题，但是由哈里这样的资深销售人员提出，还是有能让客户好奇、信服的效果。

不过，如果你只是一名普通销售员，请不要轻易尝试模仿哈里。假如你跑到客户那里，开口就跟人家说："嘿，你们企业有问题，总经理你有问题。"脾气好的客户可能只是不理会你，脾气差的客户不把你赶出来才怪呢。绝对不可能有客户跟着你来问："小陈，你来跟我们讲一讲，我们的企业到底有什么问题？"

等你成长为业内资深的销售人员，有了足够的资历，有了深厚的功底，只要拿捏好分寸，这一招往往可出奇制胜。

小 结

合适的开场白，对成功的初次销售拜访来说非常重要。对销售拜访没有经验和把握的销售新人，可以事先准备几种开场白，也可以尝试自己演练经典销售培训项目——电梯游说，锻炼自己的口才和应变能力。本讲推荐了四种常用的开场白和一种可供资深人士借鉴的特别开场白。不管你喜欢哪一种，请记住，有了好的开场白，就等于敲开了销售的大门。

思考题

1）每一次销售拜访，你都会事先精心准备开场白吗？
2）什么样的开场白会让你对自己的销售拜访更有信心？
3）你认为本讲所归纳的五种开场白中，哪种开场白更适合你自己，为什么？

本讲语音二维码

注重你的外表

第 9 讲

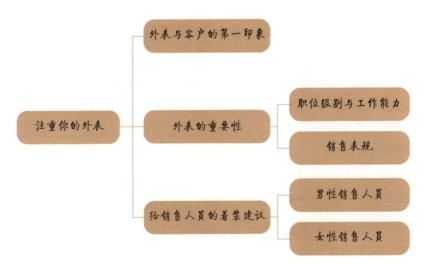

很多做销售工作的人都知道，不能以貌取人，或者说不能以衣取人。不以客户的穿着打扮来妄自揣测其购买力，不以势利的眼光和态度来对待他人，这是销售人员的职业素养。但是，这并不意味着销售人员自己也可以穿得马马虎虎。

外表与客户的第一印象

随着时间的推移，很多互联网时代诞生的"新新人类"开始走进职场，从事销售工作。他们中的很多人认为穿着是一件简单随意的事，是最不需要学习的。销售拜访中系不系领带，对他们而言已经不那么重要了，有些人甚至穿着黑色圆领汗衫去拜访互联网公司老板。从某种意义上来说，这也挺应景的，因为脸书的扎克伯格和特斯拉的马斯克等商业精英在网络上的形象，大多都非常随意。不过，近些年我通过在美国硅谷的考察发现，多数人依旧穿着黑西装白衬衫，而不是各色的T恤，带给人非常正式、可靠的观感。

不管时代如何发展，人们的着装观念如何变化，外表仍然影响着客户对销售人员的第一印象，也关系着业务能否顺利推进，后续的销售能否成功。你不妨站在客户的角度试想一下，如果现在有两个销售人员来拜访你，一个衣着随便、邋里邋遢，一个穿着正式、打扮得体，你会选择和谁沟通呢？谁会让你觉得更为专业、更为可靠呢？

在与他人第一次会面时，得体的外表能让你获得不少印象分。这点不仅适用于销售领域，也适用于其他行业。在汤辉为我拍摄形象宣传照的过程中，我对这点有了更深刻的体会。

觉伟的故事

2018年，我拍摄了一组形象宣传照。我的摄影师是业界有名的汤辉先生，他曾与张艺谋、成龙、姚明等名人合作，还拍摄过电影《芳华》的海报。

成龙曾在接受采访时提到，每次汤辉交付他照片时，他都会立刻放下手中的工作，看看汤辉到底把他拍成了什么样，因为他很好奇，汤辉的作品实在不可预测……

第一次接受汤辉先生拍摄的我也有同样的感受。最初，我以为我会像很多宣传海报里的成功人士一样，穿着黑白西装，摆一个双臂交叉放在胸前的姿势，站在相机前。结果，整个拍摄过程非常出乎我的意料。最终的成品我也非常喜欢。

曾有一篇采访我的文章这样描绘我在这组照片中的形象："复古西装外套搭配着优雅的白衬衫，英伦格纹裤，脚下露出墨绿色的花纹袜子。这次见到觉伟老师是在拍摄现场，一身彰显个性而又不失优雅、考究的穿着，让人不禁猜想他是什么样的身份。"这样的描述，是不是能将我有血有肉地呈现在你们面前呢？

外表的重要性

如果在公司里看到一群人坐姿挺拔、西装革履，服装的颜色基本是灰黑白三色，你不用多想，这些基本都是销售人员。为什么大家都那么看重销售人员的外表呢？并非客户太势利，而是因为群体和个人的认知惯性，会将销售人员的外表与诸多重要的评价相挂钩。

外表与职位级别、工作能力

在你与客户初期交往的过程中,客户往往会通过你的衣着来迅速判断你在企业中的角色和职位级别。客户如何接待你,怎样与你对话,都是客户根据你的形象和外表做出的反应。

客户也会依据你的外表来初步评估你的工作能力。一般而言,一名精干的销售人员不可能不在乎自己的个人形象。如果你的衣着得体高雅,有一定的气场,客户就会认为你是一位有能力的销售人员,职位一定也不低。

外表与销售表现

在销售过程中,外表也会影响你的销售表现。你的潜意识会因得体的着装而有所改变,你的自信会不自觉地提升,你可能会因此有更为出色的表现。这也是现今职场制服的功能所在,它会帮助你更好地进入你的职业角色,拥有职业本身的权威感与自信心。

给销售人员的着装建议

给男性销售人员的建议

那我们销售人员的制服又该是什么样子呢?根据多年积累的销售拜访经验,我想先给男性销售人员三个着装建议。

第一,你要穿西服,最好是一套深色西服。为什么很多欧美销售人员穿着格子花纹或是浅色的西服,而我不推荐呢?一是因为相较于这些外国人,我们中国人的肤色并不适合穿此类西服。二是因为黑色、深蓝色、藏蓝色的西服与格子花纹、浅色的西服相比，显得更正式，更彰显个人稳重的气质。

第二，你可以根据自己的喜好选择是否用领带搭配你的西服。如果系领带的话，要注意不要每天系同一条领带。如果你没有系领带的习惯，那么在见重要客户或是出席非常正式的场合时，我会建议你搭配口袋方巾，还能增添几分高雅。用红色口袋方巾搭配深色西服，是我个人所钟爱的，既能增加亮点，又不会让人感觉过于花哨。

第三，你还要注意裤子款式的选择。你的裤子一定要修身，裤脚不要太长，否则会显得你过于老派。如果你希望在客户心中留下职业销售人员的印象，那请你一定要穿袜子，否则你会被定位为时尚人士。

给女性销售人员的建议

和男性销售人员一样，女性销售人员也有塑造其职业形象的需求，得体的着装不仅是为了展现职场女性的美丽，更是为了体现自身的专业性。

整体来说，女性销售人员着装要相对正式，款式不宜太过花哨和暴露。在适合自己的前提下，简单大方、素雅不失细致的服装为你的优先选择。

不同于一般的女性职场穿着，女性销售人员的着装还要适合销售拜访的场景。拜访客户时一般要求着装简洁得体，最好是着职业套装。衣服颜色应当以深色为主，内外衣颜色协调，但也要注意不宜全身同色调或者全为深色，容易给人老气、保守、不灵活的印象。

女性销售人员的着装可以比男性的更活泼些，如佩戴一些简单的小饰品，系上丝巾等，在保持良好个人形象的基础上增添个人魅力。

除考虑上述着装建议之外，你还须尽量避免以下四种着装风格。

第一种，着装过分杂乱。

比如，不按规定着装，不穿制服，总是歪戴帽子、斜穿衣等，这都有失销售人员的身份与水准。

第二种，着装过分花哨。

如果你的穿着过分花哨，衣服颜色过分鲜艳、杂乱，他人会认为你太爱表现自己，不够严谨，甚至怀疑你的品位，影响你的销售工作。

第三种，着装过分紧身。

过分紧身的衣着会让工作中的你行动不便。对于身材丰满的女性来说，过分紧身的衣着在工作场合也不甚美观。

第四种，着装过分暴露。

在商务交往中，一定不能穿着暴露。一是不能暴露特定的身体部位，如胸部、肩部，不能穿低领服装以及吊带裙等无袖服装。二是不能穿透视装，会被视为不够端庄矜持。三是不可穿过分短小的衣服，譬如下摆在膝盖15厘米以上处的裙子。

如果你想更直观地了解该如何着装，不如下班时观察一下金融中心写字楼里进进出出的职场女精英，学习她们的服装搭配。你也可以参考《我的前半生》中的唐晶、《欢乐颂》中的安迪等热播电视剧中职场女性的衣着，选择适合自己年龄、职位、身份的得体穿着，找到属于自己风格。这将有利于你提升自己的气场和影响力。

小　结

关于外表的讨论不是简单地给是否穿西装一个答案。外表关乎客户对你的判断和印象,关乎你自身价值、信心的展现,关系着你销售工作的顺利推进。如果你还没有找到适合自己的衣着风格,没关系,你可以参考我所提供的着装建议。平时,你也不妨有意识地向生活中或者电视上的职场穿搭达人取经,慢慢摸索出属于自己的职场风格。

思考题

1)初次销售拜访时,你希望给客户留下什么样的印象?你怎样才能做到呢?
2)你认为客户会注重你外表的哪些方面?
3)日常销售过程中,你觉得你的着装是更为时尚的,还是更为职业的?

本讲语音二维码

制订你的客户计划

第10讲

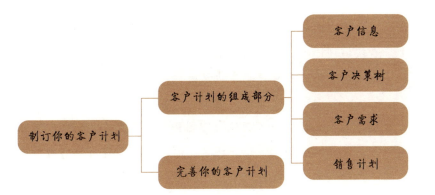

前面我们已经学习了什么是大客户、初次拜访的开场白和如何准备你的外表，那当我们面对自己的大客户，该用怎样的行动来赢得客户人员的肯定与信任，从而拿下大客户的订单呢？先让我们来看一个"觉伟的故事"，看看在专业操作上我们需要做些什么。

觉伟的故事

我个人创业所创办的公司是微软在中国的渠道经销商之一。国内刚开始进行微软软件正版化的时候，外资企业是最能接受并出资购买微软正版软件的。因为外资企业的总经理或CEO通常都是不会中文的外国人，所以我招聘了来自世界各地的外国留学生，专门培训他们进行面向外资企业的销售。这也是我公司比微软其他渠道经销商更有竞争力的秘诀所在。

对这些外国留学生来说，运用自己的语言优势，绕过外资企业的接待甚至总经理或首席执行官的秘书，面见其总经理或首席执行官，是相对轻松的事情。但是，刚刚毕业、没有销售经验的他们，对向我们的大客户——世界500强企业销售产品则是一筹莫展。

为此，我对这些外国留学生进行了系统的销售培训。我最初教给他们的，就是如何去做一份客户计划（account plan）。毫无基础的他们一次次地递交客户计划，我也一次次地将不合格、看不到多少赢面的客户计划退还给他们，请他们重新撰写。在这样一遍遍的训练中，这些外国留学生制订的客户计划越来越成熟、越来越完整。这为日后他们赢得世界500强企业的订单，获得更多大客户的青睐，打下了坚实的基础。

就像我培训的外国留学生一样，想要做好大客户销售，你首先必须学会制订一份完整、成熟的客户计划。根据所制订的客户计划，你就能初步量化判断每一次销售实践中，自己的赢面能有多大。你可以不断地修正、优化自己的客户计划，来增加销售成功的可能性。

客户计划的组成部分

根据我多年的销售经验，一份完整、成熟的客户计划应该包含客户信息、客户决策树、客户需求、销售计划四个部分。

第一部分是客户信息。

整理客户信息就是给客户画像。你需要去搜寻客户的相关信息，诸如企业性质、注册资金、业务类型、财务状况等。通常，你会在刚开始写客户计划时就先勾勒出客户的大致形象，日后再根据进一步的了解，进行信息的更新与补充。

第二部分是客户决策树。

你需要在详细了解一家企业组织架构的基础上，绘制出类似图10-1所示的客户决策树。客户决策树上须罗列各个关乎你能否赢得大客户的重要职位，明确对应人员的姓名、职能，甚至可以写上他们各自对你的态度。如果你不是很清楚其中某个人的态度，你可以给他贴上一面小红旗，在与客户的接触中想方设法了解清楚他的态度。

第三部分是客户需求。

你必须在客户计划中写明客户的需求，尽量具体详细。比如，你销售的是微软的产品，你就要清楚写上客户所要购买的产品类别、用户数。再比如，你销售的是机床，你的客户计划上就要写明客户要采购的机床数。如果这是你的老客户的话，你还要在这部分记录其采购历史。

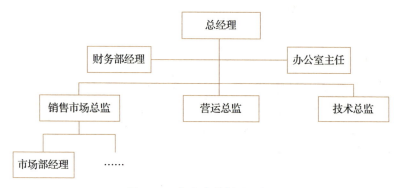

图 10-1　客户决策树（示例）

当然，这部分更重要的内容是，你准备提供给客户的产品、解决方案的文字陈述。

第四部分是销售计划。

销售计划的撰写必须遵循客户的销售周期。你应当清晰地区分每个销售阶段，规划相应阶段你的工作内容和你所要完成的销售行为。例如，你要知道在哪个阶段你需要提供哪些材料，在哪个阶段带领客户进行用户体验、考察成功用户，在哪个阶段展示你的企业和你的解决方案的唯一性。

如此一来，你是不是觉得制订一份客户计划其实没那么困难？它无非就是要求你：第一，给客户画像，根据可获得的客户信息来描述客户；第二，梳理客户的组织架构和决策树，了解关键人物；第三，掌握大客户的真正需求，提供符合需求的产品与解决方案；第四，制订销售计划，形成你所主导的销售过程的剧本。

第 10 讲 制订你的客户计划

完善你的客户计划

当还是销售新人的你按上述要求写完一份客户计划,你是否就可以用它去赢得你的大客户了呢?依我的经验,大多数销售人员的客户计划初稿都是不合格的。那么,我们该怎样根据一份客户计划量化判断你的赢面,衡量它的质量是否达标,是否可以帮助你赢单甚至持续带来生意?

我建议在进一步检查、完善你的客户计划时,还是从客户计划的四个组成部分着手。

第一,检查客户信息是否已更新为最新信息,丰富客户基本信息之外的其他相关信息。

撰写客户信息最基本的要求就是保证客户信息都是最新信息。当今企业变革速度加快,经常有经营战略、人事、组织、技术、运营等方面的变化,你必须时时更新相关信息。假设客户经营方向因股权结构变化而调整,你却没有及时反应,那你的客户计划必然无法助你赢单。

在此基础上,如果你能进一步丰富客户信息,增加客户具体的财务信息、客户的客户信息、客户的竞争对手信息、客户所在行业的增长率等更为详细、具体的信息,你的客户计划的分数就会大大提高。只要看看客户信息,就能知道你在特定客户身上究竟投入了多少精力。而能够获取、整理这些信息也正是资深销售人员区别于普通销售员的地方。

第二,核对显示客户组织架构的决策树上是否有小红旗,加深对客户的了解。

首先,你要核查初稿写作时你的决策树是否有小红旗,对于有小红旗的对象要加深了解。对于没有小红旗的对象,则须进行相关信息的抽查，你自认为了解的，往往经不起进一步的询问。此外，你还要看看决策树上有没有你的项目线人，如果没有，说明你的销售准备工作还不到位。

其次，你要量化客户对你的态度。客户决策树上各角色对你的态度，是你所要掌握的非常重要的信息。根据他们对你的态度，你可以在负五分至正五分的区间内，选择一个分值进行客户态度评价：

1）五分是全力支持你的，负五分是敌视你的。

2）四分是热心与你合作的，负四分是更倾向于你的竞争对手的。

3）三分是支持你的，负三分是反对你的。

4）两分是对你有兴趣的，负两分是对你没兴趣的。

5）一分是可以继续谈谈的，负一分是不反对你的。

一个简单的打分，就可以清晰地反映出客户的态度，现在的CRM系统大都具备这样的功能。

第三，反复推敲客户决策树和客户需求。

你在销售过程中要不断核实客户的需求和自己的判断，同时也要在客户决策树上不断修改更新。在评估商机时，不能走极端——单纯地认为有很多商机或者没有商机。

我们首先分析客户人员的不同角色和其"企业需求"，并将其标注在客户决策树上，如图10-2所示。

通过深入了解，你会发现不同角色的客户人员，他们不仅有企业的需求。还有个人的需求，那我们也应该把这些"个人需求"标注在同一客户决策树上，如图10-3所示。需要说明的是，图10-2和图10-3来自销售人员的销售笔记，因此，客户决策树上所标注的不同客户人员的角色和其需求属于特定情境下的个例。

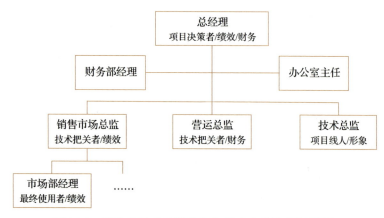

图 10-2　客户人员的不同角色和其"企业需求"（示例）

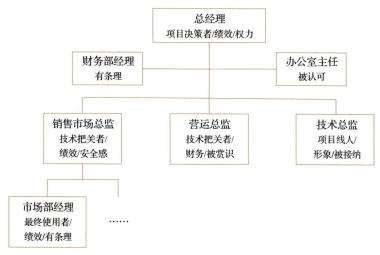

图 10-3　客户人员的不同角色和其"企业需求"下的"个人需求"（示例）

第四，完善销售计划，也就是你的销售剧本。

销售计划就是你打单赢单的战略图。你要检查自己是否已将对竞争对手的了解、自身销售优势即"唯一性"等都体现在自己的销售计划之中。如果还没有，你就需要继续思考这些问题，不断完善这份战略图。

了解了上述步骤,你就可以尝试着自我检查、完善这份可令你快速成长的客户计划了,也能对自己客户计划的优劣有所判断。

小　结

想要做好大客户销售,你就要从写好一份客户计划学起。客户计划由四个部分组成:客户信息、客户决策树、客户需求和销售计划。你可以根据客户计划来判断自己的准备工作是否到位,有多少机会可以赢得客户。因此,你要学会不断地检查、完善客户计划,提高自己赢单的可能性。

思考题

1)每次销售时,你会不会制订一份客户计划?
2)尝试画出你现在正在接洽的大客户的决策树。
3)销售过程中,你会不会进行假设?你又是如何去验证这些假设的?

本讲语音二维码

第11讲 销售的高层拜访

```
                    ┌─ 克服对高层拜访的恐惧
销售的高层拜访 ─────┼─ 了解拜访对象的不同个性
                    └─ 个性定位与拜访策略
```

在第 8 讲中，我们谈到了初次销售拜访的开场白，这只是你学习销售拜访的第一小步。随着拜访经验的增加，你可能已经不再满足于普通的拜访了，你会更希望主动约见客户高层，快速拿下订单。因为一般来说，高层才是项目的决策者，职位越高就越可能掌握最终拍板的权力。假设今天下午或者明天你就要去拜访某位客户高层，你觉得你做好充分的心理准备了吗？

克服对高层拜访的恐惧

尽管你非常渴望拜访客户的高层，但可能你的第一反应是胆怯、迟疑，你的内心会有一个恐惧的声音："我真的要去拜访吗？"英国一家杂志曾调查统计过现代人最恐惧的十件事情，结果显示人们对拜访高层的恐惧仅次于对死亡和变老的恐惧。实际上，你无须为这种恐惧而忧虑，反而应该分析它的来源，尝试克服。

我们不妨来分析一下，你真的会因为对方的身份而感到恐惧吗？因为客户高层是个身价过亿的大老板，或是一位身居高位的部长，就不敢去拜访吗？多年高层拜访的培训经验告诉我，客户高层的身份并不是你恐惧的根源。你会害怕是因为自己还没做好充分的准备，还没有在心理上接受这个挑战，还没有制订切实可行的拜访方案、对话策略，恐惧自然如影随形。

我也是从这样的销售新人逐步成长起来的，在这里我很乐意与大家分享一下我的故事。

觉伟的故事

当年在美国首次接受"如何拜访高层"的训练时，我哪有现在拜访客户高层的从容与自信，也一样对此充满恐惧。我们的模拟训练任务是拜访三菱总裁。尽管三菱总裁是我们各个部门的高级经理所扮演的，我内心的恐惧一点也没有因此而减少。

正式模拟拜访前，培训老师给我们每个学员发了一张A4纸，上面是密密麻麻的相关英文信息。我着急地翻着从口袋里掏出来的英汉小词典，努力掌握上面的所有信息。英文提示中有这样一段关于三菱总裁办公室环境的描述：三菱总裁的办公室很大，写字桌摆放在办公室的一个角落，办公室的正中是四张黑色沙发，沙发对面的墙上，挂着一个大大的钟……殊不知这么一段看似不起眼的文字，就已经透露了高层拜访中应当注意的诸多细节。

看完三菱总裁的信息，我们这些学员被分成几个小组讨论拜访策略，然后一组一组地去敲练习场地的门，拜访"三菱总裁"。我们小组拜访时，"三菱总裁"的握手非常强有力，姿态很有进攻性，讲话非常少，和之前文字提示"三菱总裁喜欢高尔夫球，但只和担任自己专职司机的中学同学打球，从不与其他社长一起打球"描绘的个人形象十分相符，可从个性上将其定位为驱动果断型。他办公室的布置也同样印证了我们对他个性的判断：独立冷峻、务实果断、喜欢掌控一切。我们就用坚强有力的握手回应他，正面直视他的目光，言简意赅地陈述我们的方案。

我仍然清晰地记得最后赢下这一单的小组是怎么做的。和其他小组不同，这组学员并没有做很多陈述，而是递上了一张A4

纸，上面只有三句话，写着："三菱总裁先生您好，您要买惠普的大型计算机就是要解决这些问题……"表述非常简洁、明确，直击重点。

就是在那次培训中我领悟到，拜访高层也有章可循，可以通过不断学习来提高自身的拜访技巧，要注意销售过程中的诸多细节，了解拜访对象的不同个性，有的放矢地选择不同策略。

了解拜访对象的不同个性

看了我的销售拜访练习故事，现在我们也来模拟一个场景。假设我现在就带你去拜访客户高层高总，我们的拜访该如何开始呢？

我曾为德国思爱普（SAP）公司培训销售人员，在我教授开放式开场白后，学员练习拜访客户高层时就一律使用了这一开场白，例如："高总，您和我们讲讲您是如何成功的。""高总，您当初是怎么创业的，您的企业怎么能办得这么好？"他们想当然地以为，所有的老板都会接受自己事前准备好的套路。但显然，这是不会成功的。

你要知道，这世界少有"一招鲜，吃遍天"的情况，制定销售拜访策略的要点就是因人而异。你要根据不同拜访对象各自的办公环境布置、肢体语言等来思考你的对话策略。

现在让我们一起走进高总的办公室，看看他的办公室是怎样布置的。可能他的办公桌上摆放着家人的照片、纸巾盒、植物，甚至有些调皮可爱的装饰物，办公室的空间设计有些非正式，带着私人色彩。这时你会如何解读这些物理环境信息呢？

当见到高总本人，你会与他握手、交谈，从他的姿态、眼神和肢体语言等一点一滴中感受他的个性……高总可能不会主动与你握手，谈话时有特殊的音调，喜欢穿舒适的衣服……这时你又会如何看待这些人与人互动产生的"化学反应"呢？

通过对客户高层的办公环境、与人相处所产生的"化学反应"的分析，我们要定位他的个性，据此找出相应的销售拜访策略，因人而异，不死板地因循固定的拜访套路。

个性定位与拜访策略

虽说因人而异，但我们还是可以归类总结一些适用的策略类型，在此基础上再针对每个人的具体情况做适当的策略调整。

在第5讲"从销售角度看个性"中，我们将人的个性划分为四类，分别是驱动果断型、数据结果型、中庸温和型、表达欲望型。你可以结合客户高层的办公环境、与人相处所产生的"化学反应"来解读出他的个性类型，参照我在相应的表中所给出的基本建议，制定自己的销售拜访策略、对话策略。

驱动果断型的人注重的是结果。对于这一个性类型的客户高层，你需要掌握的信息和可选择的应对策略如表11-1所示。驱动果断型的人会希望你有逻辑、有层次地陈述你的方案，或是清楚道出你所期待的这次见面的结果。因此，你的应对策略就是，侧重结果的陈述，告知为了达到这个结果你所做出的承诺。还记得我的销售拜访练习吗，个性属于这一类型的"三菱总裁"的办公室里有一个大大的时钟。这一个性类型的客户高层会非常希望在一个明确的时间段里得到一个明确的结果，与你交谈的过程中他可能会时不时地去看时钟，在肢体语言上表露他的这一需求。

表 11-1 驱动果断型

个性特征	冷峻独立、务实精明、自信果断 偏好风险、渴望变化，喜欢接受挑战 热爱竞争，争强好胜 真正的自我主义者、有目的的聆听者 喜欢一切处于自己的控制之中 说话开门见山，直接告诉别人该做什么 不喜欢怠惰，不能容忍错误，不考虑别人的感受或建议
办公环境	办公室空间较大，设计简洁 办公桌摆放在办公室有窗的角落处，大而干净（杜绝杂乱） 喜欢摆放一眼可见的大钟，陈列证书和奖品
肢体语言	握手坚强有力，显出控制力；讲话快，声音高；穿着正式，带给人权威感
沟通风格	注重结果，喜欢询问"什么"和"何时"
应对策略	事前做好充分准备，陈述言简意赅 准备一张发言稿，但要有备份资料 提供两三种备选方案，交给他做决定 讲话开门见山，做事专业有效率，要像资深销售人员 注意己方生意获利底线 着装应正式、传统

数据结果型的人注重的是过程。对于这一个性类型的客户高层，你需要掌握的信息和可选择的应对策略如表 11-2 所示。数据结果型的人希望你能精准无误地陈述你的方案，展示方案中的具体数据。你在与他对话时要注重呈现你的数据，强调你的数据准确无误。

表 11-2 数据结果型

个性特征	理性、有逻辑、有目标，喜欢规则、结构、批判性思考 尊重权威、标准 要求精确，关注细节，追求完美 喜欢问具体细节问题，重视检查以求精准 决策谨慎，看重历史，过于依赖数据收集 公平、严谨、有条不紊 喜欢成为正确的一方 工作效率高，喜欢单干 喜欢通过个人在项目上花费的时间来判断个人能力 敏感
办公环境	办公环境布置传统，大而简洁，与驱动果断型的办公室风格类似 喜欢享受独自办公的工作环境
肢体语言	说话声音低，眼神游移不定，手势不多，握手动作僵硬 说话、行动和决策节奏都比较慢 说话留有余地 穿着保守
沟通风格	注重过程，寻求细节，喜欢询问"如何"
应对策略	陈述有条理、有逻辑、合乎规范 清楚陈述问题的正反两方面，提供直接的数据和证明 说话注意准确性，提供具体细节 不要仓促做出决策 放慢讲话速度 不要过分热心，不要盛气凌人 身着黑色传统装束

中庸温和型的人注重的是原因。对于这一个性类型的客户高层，你需要掌握的信息和可选择的应对策略如表 11-3 所示。中庸温和型的人希望你能表达出对他的重视，耐心地告诉他前因后果。你在拜访时要表示出对他的尊重，让他充分明白你的意图。

表 11-3　中庸温和型

个性特征	喜欢与人相处、忠实、关心人、占有欲强 有耐心、热情、集中精力工作 母亲型的关系维持者、优秀的聆听者、缓慢的决策者 不希望主动 不喜欢人际冲突
办公环境	喜欢非正式且带有私人特征的办公空间，布置随意，氛围宽松温暖。办公桌上会放些纸巾盒、调皮有趣的摆件，在显眼位置放置家庭照片，办公桌周围会放些植物盆景
肢体语言	不会主动伸手与他人握手 谈话时带特有的音调 喜欢穿舒适的衣服
沟通风格	寻求和谐，注重原因，喜欢问"为什么"
应对策略	讲话速度放慢 友好、非正式地询问与个人有关的问题 彰显你的热情，展现你性格中的可爱面 主动伸出你的手，表达友善 培养信任 为使其放心，尽可能地做出个人的保证 要富有同情心，善解人意，主动提供个人的帮助 适度地赞美 不要总是索取，不能长时间没有个人联络 不要过分催促或要求对方立刻做出行动

　　表达欲望型的人非常注重对方的反应。对于这一个性类型的客户高层，你需要掌握的信息和可选择的应对策略如表 11-4 所示。表达欲望型的人会希望自己的想法能影响他人。那么，你的应对策略就是让他自由地表达，认真倾听他的表达，用积极的方式表示你听到了他的看法和建议，然后做出简洁的回应。

表 11-4 表达欲望型

个性特征	爱冒险，喜欢有趣的东西，易因此受到激励 理想主义，富有想象力 喜欢从解决问题的角度出发进行思考，不注重条理，思维跳跃 喜欢表达，滔滔不绝，有良好的说服技能 热情乐观，乐于助人，喜欢使大家开心 喜欢社交，不爱独处 情绪化，容易冲动 不喜欢做费力的事情 浮躁的聆听者
办公环境	办公环境的布置类似中庸温和型
肢体语言	握手热情 说话语速快、声音大 目光接触沉稳 着装特别
沟通风格	注重对象，喜欢询问"何人"
应对策略	表现得精力充沛、活泼 大胆、不害羞 坦率谈论新话题，陈述新观点、独特的想法 将建议与梦想、目标结合起来 陈述中多举例、举证，注意确认、正视对方谈论的细节 陈述简洁明了，多给对方讲话的时间 讲话可轻松有趣一些 穿有趣的衣服

小 结

拜访客户高层需要制定切实可行的对话策略，首先就要了解拜访对象的个性。从拜访对象的办公环境布置、个人肢体语言等细节着手,我们能观察出拜访对象的不同个性。我们还需要对其个性进行定位,从而找出与他们交谈的侧重点,制定具有针对性的拜访策略。

思考题

1)在拜访客户高层的过程中,你最大的困惑是什么?
2)拜访客户高层有两步,一是约见高层,二是拜访高层。对你来说是约见高层难,还是拜访高层难,为什么?
3)你有没有失败的高层拜访经历?如果有,学完这一讲,请你分析一下当时失败的原因。

本讲语音二维码

第12讲 大客户销售不只是搞定人

```
大客户销售          ┌─ 大客户销售别走歪门邪道
不只是搞定人 ──────┤
                    │                        ┌─ 什么是大客户销售
                    │                        ├─ 销售过程中的客户角色分析
                    └─ 四张图表解读大客户销售 ┤
                                              ├─ 大客户销售的周期和决策过程
                                              └─ 销售人员与大客户的关系
```

在阅读这本书之前，很多人就知道，大客户是企业收益的根本。可是许多人在还未明白大客户销售究竟是什么之前，就已经不知不觉地走了歪路。现在的市场环境下，一提到大客户销售，"大客户销售就是搞定人"就自然而然地浮现在很多销售人员的脑海中。我也曾听过几个"搞定人"的事例：有人在销售过程中搞定了客户采购部某位经理，双方成了利益上的好友；有人跳槽去另一家公司，带走了他之前接触的所有客户。

大客户销售别走歪门邪道

把客户装进自己的口袋，准备随时带走——如果有一门销售课程这样教你把企业的客户变成你的个人客户，你觉得你真的会受益无穷吗？如果你的客户老板知道企业订单随你而走，他肯定马上会去彻查是谁给你下的订单。此时，和你结成利益同盟的好友还会继续与你一路同行吗？如果你天真地以为，搞定了一个客户人员之后，不论你去哪里他依旧会为你下单，你就太没有销售常识了，至少是太缺乏大客户销售的经验与常识了。

大客户销售要满足的不单单是客户的个人需求，还有客户的企业需求。你的利益同盟可能只是一个购买角色，你花费巨大的力气，无底线地满足他的需求，那其他购买角色的个人需求、企业需求又被你置于何地？你的这种行为能通过第 3 讲"读懂客户的需求"中提出的"电视测试"的价值观考验吗？

我个人认为把客户装进自己的口袋带走这种观念可谓"三观俱毁"，它和正确的销售人员个人的价值观、企业的价值观、客户的价值观都不一致。

那么，我们该如何正确地理解、描述大客户销售呢？这一讲我会用四张图表来深度解读大客户销售。我甚至建议你打印这四张大客户销售讲解图表，与你的老板分享。

为什么要和你的老板分享你对大客户销售的理解呢？

你要知道，世界 500 强企业中 50% 以上的 CEO 都是销售人员出身，这一比例在我国民营企业老板中更高。在今天的生意场上，你做销售工作就必须懂销售，你不做销售工作也需要用销售思维来武装自己，形成优势。

懂销售可不是简单地喊喊口号，你不要妄想用"大客户销售就是搞定人"这种套路来糊弄你的老板。你知道现在各企业老板对大客户销售的理解程度吗？下面我就谈一些我的所见所闻。

觉伟的故事

现在，我们国内的企业家们早已不满足于研读 EMBA，还会参加很多类似私人董事会这种企业家共同学习、社交的活动，形成终身学习、共同成长的企业家社群。

我接触最多的私人董事会就是领教工坊。领教工坊是目前国内专门面向民营企业家的、最高端的私人董事会组织。能加入领教工坊的民营企业家，其企业规模通常要达到二三十亿元，企业本身的行业影响力至少排名前三，个人须身居董事长等最重要的职位。他们可能就是你们的老板，也可能是你要拜访的客户高层。

在与这些企业家交流的过程中，我发现他们对时下热门但企业应用较少的区块链、小程序等内容不是很感兴趣。可一提到大客户销售，他们就兴致勃勃，这才是他们真正日夜关心的话题，是他们企业保障收益的根本。

在领教工坊中，我跟民营企业家们分享了我三十年大客户销售的经验。很多企业家小组甚至会主动要求我做大客户销售主题的分享，其中就有研究企业增长战略的著名专家葛定昆教授做领导力教练的企业家小组、惠普前全球副总裁兼中国区总裁孙振耀的企业家小组、领教工坊联合创始人肖知兴教授的企业家小组。

通常，与这些企业家们分享我对大客户销售的认识时，我都会用下文将提及的四张大客户销售讲解图表，为他们讲解什么是大客户销售。

四张图表解读大客户销售

我所使用的四张大客户销售讲解图表，其中三张其实已在前文中出现过，分别是表 7-1、图 2-1 和图 3-1。它们将和本讲中会详细介绍的"大客户销售的周期和决策过程"图一起，为你展示从事大客户销售工作所应了解的大客户销售和产品销售的区别、客户角色分析、销售周期和决策过程，以及销售人员与客户间的关系类型这四部分内容。从这四张大客户销售讲解图表入手，你就可以和领教工坊的企业家们一样，清楚了解什么是大客户销售了。

从事大客户销售工作，你首先要了解它与人们平时会接触到的产品销售有何不同。表 7-1 所展示的是大客户销售和产品销售的区别。两者的差异具体体现在四个方面：销售周期和决策过程、购买角色和决策者、客户利益和客户关系，销售重点和关注对象。更为详细的解读，你可以参考本书第 7 讲"什么是大客户"。

和产品销售中仅有一个多种角色集于一身的决策者不同，大客户销售中你往往要面对包括最终决策者在内的多个能影响最终销售结果的购买角色,关于销售过程中的角色分析见图 2-1。除了项目决策者,你可能还要面对技术把关者、最终使用者,甚至亲自挖掘项目线人。这方面的内容,你可以在第 2 讲"客户的角色和应对方式"中深入学习,然后应用到你的大客户销售中。

了解了大客户销售和产品销售的区别以及应对各个客户角色的方式后,你需要学习如何推进自己的销售。大客户销售的周期比较长,可能持续几个月,它可分成三个阶段,如图 12-1 所示。

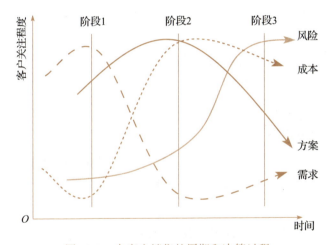

图 12-1　大客户销售的周期和决策过程

第一阶段,客户只是有一个或几个需求,如要解决库存、需要某个系统方案。在这一阶段,很多没有经验的销售人员早早地就开始动用公司的各项资源,将这些资源呈现在客户面前,甚至安排自己的老板前去拜访。实际上,此时客户还仅仅是有需求。

过了一段时间进入第二阶段,客户对自身的需求逐步有了清晰的认识,他会希望有一个切实可行的解决方案。此时,你才应该协调资源来制作一个好的方案,并将它提供给你的客户。

第三阶段,也就是客户决定签单前,他会关注风险,考虑合作对象是否值得信任从而做出最终决策。

作为销售人员,你在大客户销售这三个阶段需要做以下事项。

第一阶段,判断商机,厘清客户的决策者是谁,是否有购买的预算,什么时候会购买产品。只有能明确回答这些问题了,你才能去调用公司的各项资源。

第二阶段,调用公司资源做一个好的解决方案。

第三阶段,完成"临门一脚",向客户承诺,签下订单。

和产品销售相比,大客户销售中你和客户人员的关系更为复杂。图3-1展示了销售人员和客户间可能形成的四种关系类型。你既要满足客户人员的企业需求,又要满足其个人需求,这样才不会只成为客户的供货商,而是能成为客户的伙伴。关于这部分内容,你可以回顾第3讲"读懂客户的需求"以进一步学习。

有了这四张大客户销售讲解图表,你就能正确理解大客户销售了,而不会再用"大客户销售就是搞定人"这种口号去和老板汇报、沟通了。

同样是销售岗位,做大客户销售的薪水往往要高于做产品销售的,这是为什么呢?其实,能和老板沟通四张大客户销售讲解图表的大客户销售人员就已经展现出了他与高薪水相匹配的价值。

分析销售人员的收入结构,我们一般采用"双层销售能力"的模型。位于第一层的销售能力就是销售产品的能力,即做产品销售所要具备的能力。如果你是柜台的营业员,你的收入就是所售产品毛利的一部分。

做大客户销售则需要具备第二层能力，不仅要有能力向客户出售产品，还要能为客户带去解决问题的方案、利益甚至价值。对你的销售工作满意的大客户持续下订单，成为你所在企业的合作伙伴，这不仅有助于企业良好形象的维持，还可成为企业吸引后续客户的旗帜，让企业获得源源不断的利益。因此，你的销售收入必然要与你自身的价值相称，远高于产品销售。

当然，对企业来说，大客户太重要了。这一讲关于大客户销售的内容可能无法完全满足你和你老板的需求，你们还需要了解如何制定大客户销售的策略，如何进行销售预测管理。关于这些问题，可以继续阅读本书第 6 部分，来获得你和你老板想要的信息和方法。

小　结

大客户是企业收益的根本，但做大客户销售的你不可以因此走歪门邪道，以"大客户销售就是搞定人"这种言论来糊弄自己和自己的老板。很多企业的高层都是销售人员出身，他们对大客户销售的理解完全不亚于资深销售人员，而他们正是你真正要面对的大客户。因此，你应当好好学习本讲归纳的四张大客户销售讲解图表。只有真正理解了大客户销售，你才会在大客户销售实践中稳健地成长。

思考题

1）你认为你的老板懂得大客户销售吗？你会怎样和他交流？

2）你将你的大客户销售分成几个阶段？你认为自己哪一阶段的工作较为出色？哪一阶段的工作还需改进？

3）大客户销售的过程中，你最大的困惑是什么？

本讲语音二维码

第 3 部分

渠道销售

作者曾任国际顶级品牌泰特利斯、FootJoy 和美津浓（Mizuno）在中国的总经理，负责品牌在中国的渠道开拓和经销商培育工作。他创办的公司是微软在中国最大的经销商。

第13讲 认识渠道销售经理

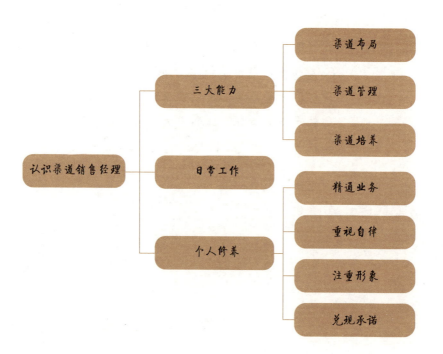

虽然有人说今天的销售是网络销售,但事实上由渠道经销商带来的渠道销售,仍然占据着各行各业销售的绝大多数份额。如何提高渠道经销商的销售能力和它们的忠诚度,一直是各个企业关注的重点。而解决问题的关键就是作为渠道销售经理的你。

关于渠道销售经理,常常会有这样的疑问:为什么总说渠道销售经理是最全面的?为什么渠道销售人员通常又会被称为渠道销售经理?为什么有时候渠道销售经理手下没有一个兵,却依然能被称为"渠道销售经理"?这是因为渠道销售经理所负责的区域范围非常广泛,他们的渠道经销商通常都是当地非常著名的大企业,能为企业带来很大的销售额。而那些单打独斗的渠道销售经理,则精通十八般武艺,拥有最全面的销售能力。这样优秀的渠道销售经理,对企业来说具有不可替代的价值。

我曾任职于美国的惠普、德国的西门子、日本的美津浓,这些公司的主要销售模式都是渠道销售。例如,惠普打印机是通过当时的联想进行的渠道销售,西门子的小家电都是由当地的小家电经销商销售的,美津浓的服装和高尔夫球具也是通过渠道经销商进行销售的。后来我成立自己的公司,则成为微软的渠道经销商。

基于这些渠道销售和管理的经验,我经常为思爱普、德州仪器、微软等跨国企业做销售培训。同时,我还帮助三一重工、苏州金龙和东软医疗等国内大企业进行渠道销售管理的培训。

根据我的观察,三十年前,微软、惠普、西门子等世界500强企业利用渠道销售走进了中国市场,通过中国本地的渠道经销商来实现渠道布局、渠道销售。现在,三十年后的今天,越来越多的国内品牌企业也开始利用渠道销售走出去,打开国外市场。这些企业在美国、中东、欧洲、秘鲁等地开设本土的子公司和分公司，将产品销往全球九十多个国家和地区。2016 年起，我帮助苏州金龙进行海格（Higer）汽车渠道销售经理的培训。他们就是在东欧、非洲等地开发了当地的渠道经销商来销售海格汽车，完成了国外市场的渠道布局。

因此，渠道销售经理的重要性不言而喻，企业也越来越重视培育优秀的渠道销售经理。那如何才能成为有价值的优秀的渠道销售经理呢？

渠道销售经理的三大能力

我认为要成为优秀的渠道销售经理必须具备三大能力：渠道布局的能力、渠道管理的能力、渠道培养的能力。

渠道布局的能力

渠道布局的重点在于你如何利用企业的各种资源。你的产品、客户等都可以用来打造你的渠道布局。举例来说，2004 年，东软集团与飞利浦（Philips）合资创立东软飞利浦公司。东软集团是希望利用飞利浦的品牌影响力，飞利浦则是看中了东软集团的市场及其完善的 ERP 系统销售渠道。

关于渠道布局还需要掌握三个方面的内容：
1）谁是你的渠道经销商。
2）如何高效地开发你的渠道经销商。
3）到了一个新的区域或行业领域，怎样开始你的渠道销售。

这些我将在第 14 讲 "开发你的渠道经销商"和第 15 讲 "渠道布局的八原则"中具体讲解。

渠道管理的能力

看完渠道布局，我们要衡量你的渠道管理能力。再好的渠道布局如果缺少管理也会秩序混乱，无法取得优秀的业绩。因此，我们必须进行渠道管理。

渠道管理的核心在于对渠道经销商的管理，共有四个重点，依次是：

1）销售目标管理。
2）渠道秩序管理。
3）帮助渠道销售。
4）渠道强弱管理。

这四个管理重点的内涵及具体做法，我会在第16讲"渠道经销商的管理"中进行详细的说明。

渠道培养的能力

渠道培养的部分你将会非常感兴趣。本书第18讲"渠道掌控为王"会教你渠道掌控的五大手段，让你的渠道经销商成为你一手培养起来的嫡系队伍，拥有最强大的战斗力。

这一部分，我强调了渠道销售经理的工作能力，也就是你对渠道布局、管理、培养的能力。

日常工作

具体到渠道销售经理的日常工作，我们可以将其分为三个阶段，即售前、售中和售后阶段。

售前

当公司分派你到某个区域，你就要开始你的售前工作，进行充分的区域状况调查与分析，至少包括以下内容：

1）分析当地的市场容量、消费水平、客户群、销售方式以及其他品牌。

2）熟悉当地的渠道，拜访当地重要的渠道经销商，明确它们的决策者是谁，公司性质为何，公司的管理模式以及财务运行状况如何，又在做其他哪些品牌。

3）调查市场上各品牌价格的分布情况，了解其他品牌的优势和劣势，知悉当地同质品牌的财务运作、渠道操作、渠道管理及其优缺点。

售中

接下来是你对渠道经销商销售情况的跟进，也就是售中阶段的工作。

请注意，销售拜访时，你给人留下的第一印象是非常重要的。你的举止、你的名片、你对公司的介绍，都会给你的渠道经销商留下一个长久的深刻印象。

售中阶段的主要工作就是帮助渠道经销商制订销售计划。因为，作为渠道销售经理，你带来了公司的资源，所以你要为渠道经销商制订一个关于产品销售的方案，并且是一个优质的能让它盈利的方案。该方案需要评估市场容量、市场的结构、市场的需求和发展趋势。以上这些信息都必须准确地传达给渠道经销商，让它们在做具体的销售计划时能有所佐证。

售后

最后一个阶段就是你的售后服务。你要建立你的渠道经销商档案,了解它们的财务运作状况。当它们有问题需要解答的时候,你应当及时进行回答。

请记住,你是渠道经销商和厂商之间沟通的桥梁,而上述这些日常工作要求往往也是你的业务部门的考量标准。

个人修养

除了前面提及的三大能力、日常工作的要求,判断自己是不是一个优秀的渠道销售经理,还涉及对个人修养的评价。我认为以下四大个人修养是渠道销售经理所要具备的。

第一,你必须精通业务。你要非常熟悉企业的产品、区域的市场、行业趋势、行业规范等,并且精确掌握相关信息。

第二,重视自律。因为己不正不能正人,想要拥有好的渠道经销商,首先你自己就不能走歪门邪道。

第三,要注重自身的专业形象。任何时候与合作伙伴见面,你都要保持专业的形象。可能一个区域只有你一个人负责,可能你只是一个人去见大经销商的老板,但你所代表的是厂商,所以你的专业形象是非常重要的。

第四,要注意兑现你的承诺。很多我所培训的对象已做渠道销售工作十几二十年,当地的区域渠道销售都交由这些经验丰富的渠道销售经理来完成。举例来说,美国的增值冷冻马铃薯产品生产商蓝威斯顿(Lamb Weston,LW)为沈阳地区的麦当劳、肯德基等商家供应薯条已经十几二十年,都是通过渠道销售进行的，业绩非常出色。蓝威斯顿渠道销售经理成功的关键就在于其因长期兑现承诺而取得的信誉。信誉是他们完成销售指标的保证，也是关键时刻所有渠道经销商都能实现诺言的原因。因此，兑现承诺是非常重要的。

小　结

本讲讨论的话题是如何才能成为一个优秀的渠道销售经理。要成为优秀的渠道销售经理，你要能够做到三点：有三大工作能力——渠道布局、渠道管理、渠道培养；达到售前、售中和售后三阶段的工作要求；重视与自身工作息息相关的个人修养——精通业务，重视自律，注重形象，兑现承诺。

思考题

1）描述一下你的渠道，你认为衡量渠道好坏的标准是什么？
2）渠道布局、渠道管理和渠道培养三项能力中，你的强项和弱项是什么？
3）要成为一个优秀的渠道销售经理，你认为自己还有哪些方面需要提高？

本讲语音二维码

第14讲 开发你的渠道经销商

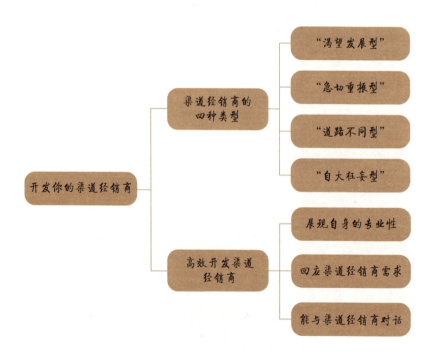

成为渠道销售经理之后，企业会分配给你某个区域或者某个行业作为你的"领地"。你，这个初来乍到的光杆司令，就需要在"领地"之内选取合适的渠道经销商来打造帮你实现销售指标的销售队伍。经过对该区域或行业的市场调研，你会列出一份渠道经销商的候选名单。这意味着名单上的企业可能会成为你的渠道经销商。那究竟谁会成为你的渠道经销商呢？你将一家家地去拜访，来确定最终名单。

这是你在渠道销售中经常会遇到的工作场景。你很清楚，不是名单上所有的企业都可以成为你的渠道经销商。开发渠道时，什么样的渠道经销商值得你投入精力？这就是这一讲所要关注的内容，我将教你如何高效地选择，把合适的渠道经销商发展为你销售队伍的一员。

渠道经销商的四种类型

拜访潜在的渠道经销商是极其费时费力的。在拜访中，面对对方的各种反应，你应当根据自身对渠道经销商的看法做出相应的判断。如果评估后认为这并不是自己所要开发的渠道经销商，你就可以笃定地站起来道别，从而节省自己的时间。

那么，如何评估我们所要开发的渠道经销商，或者说，如何判断哪个才是我们需要的渠道经销商呢？根据交流后渠道经销商的反应，我将渠道经销商分为四种类型："渴望发展型""急切重振型""道路不同型"和"自大狂妄型"。我会将所拜访的渠道经销商定位为四种类型中的一种，如属于我认为适合的类型，才谋求进一步的合作。

"渴望发展型"渠道经销商

第一种类型的渠道经销商（见图14-1）的反应是你能在与其代表的对话中明显感觉到的。他希望成为我们的渠道经销商，从而给他的企业带来营业额的增长。比如，该企业现在的营业额是3亿元，企业代表会希望通过经销你的产品将营业额提高到5亿元甚至8亿元，借由你厂商的品牌和产品促进企业的发展。

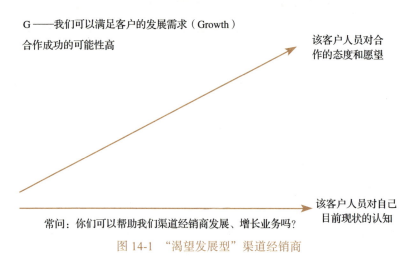

图14-1 "渴望发展型"渠道经销商

评估这种类型的渠道经销商时，你能明确地感受到它们希望和厂商一起发展的强烈意愿，因而，我们将其定义为"渴望发展型"渠道经销商，英文为G（Growth）。这类渠道经销商的代表通常会问的问题就是："你们可以帮助我们渠道经销商发展、增长业务吗？""渴望发展型"渠道经销商是非常有可能成为我们的渠道经销商的。

以我自己为例，刚成立公司的时候，我就申请做微软的渠道经销商。我想通过销售微软的正版软件来实现企业营业额的增长。同时，微软的品牌影响力也可以帮助我敲开其余世界500强企业的大门，做它们的生意。

"急切重振型"渠道经销商

第二种类型的渠道经销商（见图14-2），其原本的业务非常好，营业额可能达到1亿元，然而现在只剩下了5000万元。这表明它们业务上出现了问题，遇到困难了。我们把这种类型的渠道经销商称为"急切重振型"渠道经销商，英文为T（Trouble）。也就是说，它们需要解决困难，谋求振兴。

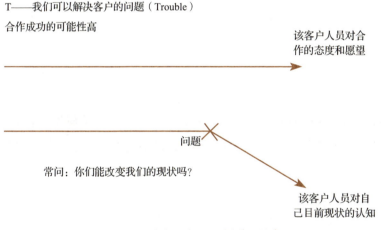

图14-2 "急切重振型"渠道经销商

举例而言，某渠道经销商原来专注于整车的业务，营业额有1亿元。可是现在行业竞争过于激烈，该渠道经销商的销售开始出现困难，营业额仅剩5000万元。当遇到代表汽车零部件厂商的你发展渠道经销商时，该渠道经销商如果希望重新取得原来的业绩，其代表就会向你表示他有相应的客户群，想成为你的渠道经销商以恢复其营业额。

这类业务上遭遇到麻烦或者存在问题的"急切重振型"渠道经销商，同样非常有可能成为我们的渠道经销商。其代表人员经常会问："你们能改变我们的现状吗？"他们希望通过经销我们的产品来恢复原有的业绩，改变他们的现状。

"渴望发展型"和"急切重振型"渠道经销商就是我们要重点发展的潜在渠道经销商，要有重点并且高效地开发它们。

"道路不同型"渠道经销商

不同于"渴望发展型"和"急切重振型"，另外两种类型的渠道经销商则需要你慎重考虑，看当前是否要投入精力将它们发展成你的渠道经销商。

第三种类型的渠道经销商是"道路不同型"渠道经销商（见图14-3），它们本来就有稳定的业务，或者致力于其他的行业，对你代表的厂商并没有展现出特别的兴趣。当你希望发展它们为自己的渠道经销商时，其代表常常会问："我们成为你的渠道经销商有什么好处？"

EK——客户对我们没感觉（Even Keel）
合作成功的可能性低

→ 该客户人员对合作的态度和愿望

→ 该客户人员对自己目前现状的认知

常问：我们成为你的渠道经销商有什么好处？

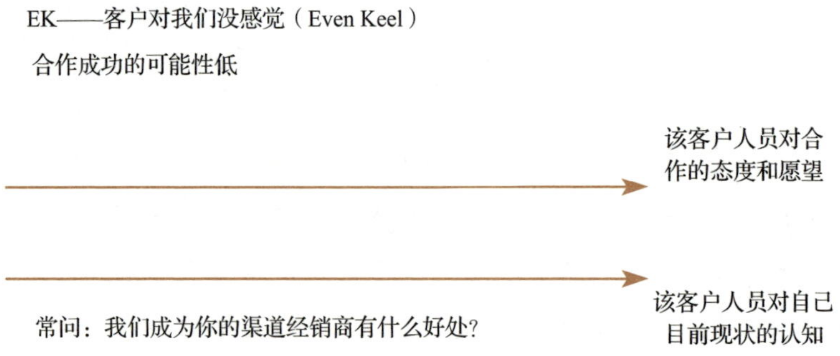

图14-3 "道路不同型"渠道经销商

我们的产品和渠道销售政策,对他们而言与其自身并没有多大关系。这种对成为你的渠道经销商没有兴趣的渠道经销商,我通常会称其为"道路不同型",英文也形象地称为 EK(Even Keel),通俗地说就是我和你没有关系。

如果碰到这样的渠道经销商,和它们合作成功的可能性是比较低的。

"自大狂妄型"渠道经销商

第四种类型的渠道经销商,我会简单称之为"要做就做大的",即"自大狂妄型"渠道经销商(见图 14-4),英文可用 OC(Over Confidence)指称。这种类型的渠道经销商也是你在工作中经常会遇到的,其老板通常会不屑一顾地告诉你:"像你这样的产品多了去了,我们要做就做……"

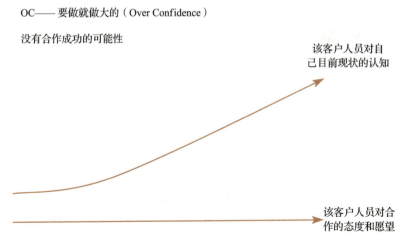

图 14-4 "自大狂妄型"渠道经销商

假设你要让某个高尔夫球场经销你的高尔夫球,它的老板会说,"高尔夫球啊,那个球啊生意太小,我要做,就再另建一个球场",或者"我要做你的高尔夫球,就要做中国区的总代理,我要买断你,然后自己来分销"。

最后,总结一下我们潜在的渠道经销商的类型,共可分为四种。第一种是寻求企业发展的"渴望发展型",第二种是需要解决业务问题的"急切重振型",这两种都是潜在的合适的渠道经销商,我们要重点开发。而另两种,一种是对成为你的渠道经销商没有兴趣的"道路不同型",另一种是只谋求做大而不屑于你现有业务的"自大狂妄型",两者都很难同你达成合作。

通过上述的分类与解析,你就可以清楚地知道究竟哪些是你近期应当重点开发的渠道经销商,而哪些又该先放一放。

高效开发渠道经销商

当我们确定了哪些是我们要重点开发的渠道经销商,那么接下来就要思考如何高效地对其进行开发,成功达成合作。以下三步是你在开发渠道经销商时可以依次推进的:展现自身的专业性、回应渠道经销商需求、能与渠道经销商对话。

第一步,你要展现自身的专业性。

你要为渠道经销商分析行业的发展趋势、区域的竞争格局和区域内竞争品牌的状况,并告诉客户人员如何做好我们的渠道销售。这个时候,你的言谈举止、你对产品的认识、对行业规范的掌握等都会体现出你的专业程度。

第二步，你需要回应渠道经销商需求。

开发特定的渠道经销商时，你必须了解你未来的渠道经销商想要什么，而不是一味追求从渠道经销商那里获取客户、营业额等。

一般来说，渠道经销商对我们会有四个方面的需求。

第一，渠道经销商肯定希望有钱可赚。很多渠道销售经理往往一见到客户人员，就推销自己的产品，让对方经销自己的产品。殊不知，所有渠道经销商最想了解的却是厂商能让渠道经销商赚多少钱、如何去赚。

第二，除了利，渠道经销商也会关注名的收获。客户人员会关心厂商究竟会给他们什么样的名义。当然，你也可以用未来可能拥有的业界名声去吸引潜在的渠道经销商。你可以讲："欸，做我这个产品，可能暂时的投资回报率不高。但是，这是一个很好的机会让你能发展成为这个区域和这个行业的龙头老大。一旦你坚持做下去，你的市场规模将会很大，同时也能培养你自己的销售团队。"

第三，布局对渠道经销商来说也很重要。这就是为什么有些渠道经销商卖烟的同时也卖酒，它们不想在一棵树上吊死，要为培育未来的市场进行布局。

第四，渠道经销商是非常重视自身未来的。有些产品的销售可能现在的利润并不可观甚至无利润可赚，但并不代表未来也是如此。日本美津浓高尔夫在中国发展渠道经销商时，希望自己的渠道经销商能积极地参与青少年高尔夫球市场的培育，那些渠道经销商也十分积极地参与了进来。因为参与培育的渠道经销商老板清楚地知道，今天他们对区域青少年市场的培育，将为他们带来明天高尔夫球生意场上的收获。

觉伟的故事

上海启明软件股份有限公司是我曾任职的美国系统软件联合公司最早的中国渠道经销商。当年能发展这家公司作为我们的渠道经销商，就是因为我们满足了启明软件的四个需求。

首先，启明软件成为我们的渠道经销商是有利可图的。当时，ERP 系统在国内的推广刚刚起步，我们给渠道经销商让利，可以让启明软件取得 50% 的产品销售佣金。同时，还允许它做客户的项目实施服务。启明软件由此赚得的收益远远高于它自己的软件开发。

其次，作为美国系统软件联合公司在中国的第一家渠道经销商，启明软件的知名度得到了提升。启明软件成为业界第一家与海外有 ERP 系统销售合作，又有自己的项目实施团队的高科技企业。孙德炜个人也因这次合作得到了同行赞誉，收获了具有开拓精神的高度评价。

再次，启明软件的业务类别变得丰富，不再单一化地承接日本的编程外包订单，也开始进行美国产品的推销、客户服务，市场布局得到优化。

最后，这次合作满足了启明软件长远发展的需求。今天的启明软件能发展为一家成功的公司，绝对离不开当年孙德炜的远见和他对于公司未来的重视。

第三步，也是高效开发的最后一步，就是能和渠道经销商对话，而且你要会聊天。

很多渠道销售经理并不懂得这一点，仗着自身厂商品牌的知名度，往往像查户口似的与渠道经销商对话，直截了当地询问对方企业的人数、营业额、利润等。这不是正确的发展渠道经销商的聊天方式。

聊天，首先就是要双方平等。不论在你背后的是多大品牌的厂商，你都要以轻松、平等的姿态和对方会面。以开发高尔夫球具的渠道经销商为例，当你走进渠道经销商老板的办公室，看到他身旁有个高尔夫球包，你就可以从高尔夫球本身聊起，逐渐展开你们的对话。比方说聊聊昨晚的英国公开赛，你原本以为在比赛中一度领先的去年冠军乔丹·斯皮思（Jordan Spieth）会卫冕成功，结果却败给了意大利的弗朗西斯科·莫里纳利（Francesco Molinari）。这样的话，你和渠道经销商老板双方都会拥有一个轻松的状态。只有在平等、轻松的环境下，你们才能够做到真正地对话。

在聊天过程中，你可以提出以下三个有利于你高效开发的问题：

第一问，是关于客户企业未来的发展方向的，可以从企业现有规模、发展历程、发展经验谈起，一步步引出企业下一步的发展设想。

第二问，你需要了解客户企业现在没有解决的问题，这样可以判断未来企业更上一个台阶该如何操作。

第三问，你可以询问客户企业未来的规划。

谈话进行到这里，渠道经销商老板便会进一步深入讲述他关于业务增长、做大区域等的未来构想。当谈及该如何实现时，你们将会自然而然地切入下一步合作事宜，诸如他该如何去申请成为你们的渠道经销商，你们又会给他什么样的帮助。

小 结

开发渠道时,什么样的渠道经销商值得我们投入精力开发,而我们又该如何让他们加入我们的销售队伍,这是本讲重点讨论的问题。

关于哪些是我们所要开发的渠道经销商,我们首先需要判断某渠道经销商属于"渴望发展型""急切重振型""道路不同型""自大狂妄型"四种客户类型中的哪种类型,再去选择性地投入精力。

在上述判断的基础上,想进一步高效地开发你所选择的渠道经销商,就要展现自身的专业性,了解并回应渠道经销商的需求,在平等的对话中努力达成合作。

思考题

1)当开发你所在区域的渠道经销商的时候,你最大的困惑是什么?
2)思考一下你的渠道经销商最看重的是什么?
3)列举一下,你认为渠道经销商想从你这里,也就是厂商这里,获得什么?

本讲语音二维码

第15讲 渠道布局的八原则

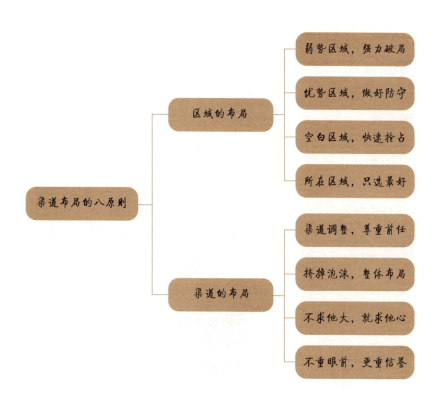

根据我的观察，在现今的中国，各大跨国公司对渠道销售经理的需求越来越大。不论是 IBM、甲骨文、思爱普等国外跨国公司，还是从中国走向世界的华为、阿里巴巴等，都渴求并招募了很多渠道销售经理。

经过集中培训后，这些渠道销售经理会获得公司赋予他们的"领地"——某个区域或某个行业，并被要求去开发。在刚拥有自己的"领地"时，新上任的渠道销售经理们是开心的，可接下来就变得愁眉不展。因为他们很多是海归，做销售工作的时间也不长，对于如何进行区域或行业的渠道布局与开发，往往有些不知所措。

同样的问题也困扰着那些有经验的渠道销售经理。现在很多企业都会"调防"，像各大军区司令调防一样，将负责西南地区的你突然调至华南地区。此时，你就需要在该区域原有渠道布局的基础上，进一步地调整与开发布局。你也有可能得到职位晋升，从而面对更大区域渠道布局与开发的挑战。

全新的"领地"也好，更大的"领地"也罢，只要你做渠道销售，始终会遇到该如何开发渠道、布局渠道的问题。

因此，这一讲的主题就是：当公司给了你一块"领地"，你该怎样在这块"领地"上布局渠道？

在这里，我要教你"渠道布局的八原则"。它包含两大块内容，即区域的布局和渠道的布局，各有四个原则。

区域的布局

区域布局的四个原则的核心理念，是要求你根据所负责区域的现实状况，如优势或弱势区域、渠道空白分布，来做区域的布局。在这一理念指导之下，我们来详细解读区域布局的四个原则。

原则一：弱势区域，强力破局

假设公司将华东地区分配给你，经过你的研究分析，你认为浙江省和江苏省为你们的优势区域，安徽省为你们的弱势区域，你准备如何来开发布局安徽省呢？

一般来说，弱势区域的成因可区分为以下两种情况：

1）与竞争对手相比，你们的渠道经销商实力较弱。

2）你们的渠道经销商意愿不强或者能力不够，公司运行机制老化，没有参与市场竞争的斗志。

此时，你就要强力破局，不破则不立。

面对第一种情况，你在加大投入，帮助原有的渠道经销商提高实力之外，可寻访竞争对手的优秀渠道经销商，努力让它们成为你的渠道经销商。

在第二种情况下，该渠道经销商往往顶着你在该地区唯一渠道经销商的头衔，你要就此放弃它，培育新的渠道经销商。

原则二：优势区域，做好防守

在完成弱势区域安徽省破局的同时，你也要看顾好自己具有渠道优势的浙江省和江苏省，做好防守。具体来说，就是在优势区域储备优秀渠道经销商。

那如何寻找优秀的渠道经销商进行渠道资源的储备呢？你可以从你的竞争对手在当地的渠道经销商里选取储备目标，与它们尽早接触。

原则三：空白区域，快速抢占

第三个原则是关于各品牌厂商渠道布局的空白区域的。通常，一级市场的竞争相当白热化，各大厂商及其渠道经销商都已完成渠道布局。但在二级、三级，甚至四级市场则会有一些空白区域，你得赶在竞争对手着手前尽快抢占。

如果说你做了大批发市场，那是否关注了小批发市场？如果已经布局了商场，那是否设置了街边店？对于任何空白的区域，我们要做的就是快速抢占，推进布局。

原则四：所在区域，只选最好

第四个原则"所在区域，只选最好"，是成功的渠道销售经理最为看重的，也是我认为的最为重要的区域布局原则。

在一个区域内，你选择几家渠道经销商合作，是依据市场容量、渠道经销商竞争状况和你给渠道经销商的毛利率来决定的。不过，不论是独家合作，还是多家合作，你一定要选择区域内最好的渠道经销商作为你的渠道经销商。

渠道的布局

说完区域布局的原则，接下来讲解渠道布局的四个原则。其实，这四个原则建立在你所负责的区域已有的渠道基础之上，要求你根据已有渠道的状况来分析使用。

原则五：渠道调整，尊重前任

你新接手了一个区域之后，总是希望能发展出自己的渠道和渠道经销商，并致力于此。可是，在此之前，有一个问题你无法回避：你准备如何对待原来的那些渠道经销商呢？要知道，这些渠道经销商可是你的前任或是你的领导开发出来的，曾与他们一起浴血奋战，打下了现在的这片江山。

在回答这个问题之前，你首先需要厘清公司安排你接手此区域的目的，是给予你职业发展空间，还是让你来突破原有区域发展的瓶颈，解决可能存在的问题。

不论公司目的为何，你都应当拜访这个区域原有的渠道经销商，首先遵循尊重前任的原则，维护好原有的渠道、原有的生意、原来的销售容量。否则，该区域的销售额会迅速下滑，你将没有一个稳定的基础再发展或是解决存在的问题。

然后，你才能根据公司安排你接手此区域的目的，慢慢调整现有渠道的布局。

原则六：挤掉泡沫，整体布局

当你着手发展本区域新的渠道经销商时，那些消息灵敏的老渠道经销商老板马上就会找到你，请求你不要替换他们或开发更多的新渠道经销商。他们常常会告诉你，"你的销售营业额要完成多少，我来帮你做"，或者"公司不是要你增长15%吗？这15%交给我，我肯定帮你完成"。

这种情况我曾经常遇到，我建议你不要轻易相信他们此时许下的承诺。他们只是为了安抚你，让你不要改变现有布局。你还是要依据现有渠道经销商实际的销售能力、市场竞争状况等来进行判断，挤掉泡沫，整体布局。

原则七：不求他大，就求他心

在你自己开发新渠道经销商时，要注意，不要一味追求大渠道经销商，而是要关注渠道经销商对你生意的用心程度。

你所负责的区域的大渠道经销商可能做了十几二十个品牌，极其熟悉如何与各厂商博弈。这种渠道经销商很难一心一意地为你做市场，让你在此区域斩获优秀的业绩。所以，大渠道经销商不代表就是好渠道经销商。

你应当考虑一下那些充满斗志的小渠道经销商。它们将出售你所代表的厂商的产品作为发家致富的途径，把你的生意当作公司的命脉，能投入公司的大部分资金，配置公司最强的人力资源。这种真正用心的渠道经销商才是你要找的好渠道经销商。请务必好好考虑它们，千万不要低估梦想的力量。

原则八：不重眼前，更重信誉

日常力求完成业绩的过程中，你可能会遇到短期业绩压力猛增的情况。比如，你的老板这个季度给你加了50%的业务量，这个业务量却是你现有渠道无法承载的。

此时，千万不可以因为这种短期压力就去调整你的渠道布局。如果你跑过去和你的核心渠道的渠道经销商们说："唉，没有办法，公司给了这个任务，你们要是完成不了的话，我就去找第二家、第三家。"这无异于杀鸡取卵。

当然，完成销售任务是渠道销售经理的天职，但是，我认为不能如此不择手段。我们要注重我们的信誉和长远的渠道发展利益。

以上就是渠道布局的八个原则。我希望你能认真记下来，不管是在你的销售小本子上，还是在你的大脑中。当面对一块全新的或更大的"领地"，需要思考如何开发、布局销售渠道时，希望你能不时地把这些原则挑出来，重温一番，以做出最为明智、有利的安排。

觉伟的故事

在我担任美津浓高尔夫中国区经理时期，厦门所在的东南区域普遍对我们的高尔夫品牌有非常高的接受度。东南区域台商聚集，有较浓厚的打球氛围，且当地气候适宜，一年四季皆可打球。因此，刚开始，东南区域是中国区业务表现最好、业务量增长最快的区域，但我们在该区域只有一家经济效益不错的夫妻店渠道经销商。

开始，我安排了渠道销售经理马修主管东南区域业务。马修到任后采取了保守的策略，就维持了现有业务，没有进一步创新。与其他区域相比，东南区域尽管业务量仍占优势，但增长率却开始明显落后，仅有10%，远低于有四个月封场期的华北区域40%的增长率。

为此，我调任了更有开拓精神的渠道销售经理查理去接手马修的工作。查理到任后，首先宏观地了解、考虑了区域的渠道布局。然后，他积极地维护与原来夫妻店渠道经销商的生意，及时为其调补断货商品。在此基础上，他又开拓了新的销售渠道。他开发了一位在当地小有名气的高尔夫球场教练，通过这位教练在高尔夫球场专卖店销售美津浓的球具，又以提成激励教练向学员积极推荐我们的产品。查理的努力，很快让东南区域的业务量增长翻倍。

小　结

这一讲,我们回应的是渠道销售经理在全新或更大的"领地"进行渠道开发和布局时的困惑。

我建议在渠道布局操作中遵循八个原则,涉及区域的布局和渠道的布局两个方面。区域的布局要求"弱势区域,强力破局;优势区域,做好防守;空白区域,快速抢占;所在区域,只选最好"。渠道的布局要求"渠道调整,尊重前任;挤掉泡沫,整体布局;不求他大,就求他心;不重眼前,更重信誉"。

思考题

1)公司让你负责一个区域,你会怎样进行渠道布局?
2)在你现在所负责的区域中,哪些是弱势区域?你会在弱势区域进行怎样的渠道布局?
3)一旦你完成不了业绩任务,你会不会去开发新的渠道经销商?

本讲语音二维码

渠道经销商的管理 第16讲

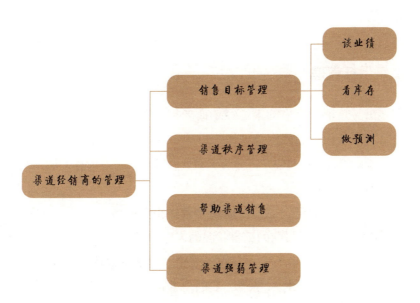

作为渠道销售经理，当你与渠道经销商的老板会面时，你会如何与他们沟通、谈业务，实现自己对于渠道的管理和指导呢？根据我培训通用电气、佳能、微软、德州仪器等知名品牌厂商渠道销售经理的经验，对于这个问题，很多渠道销售经理都没有清晰的认知。他们并不知道该谈些什么，而只知道与渠道经销商联络感情。

这一讲就是为你构筑起业务谈话的框架，让你在与渠道经销商老板会面的路上就能对要谈什么、怎么谈都了然于胸。

我认为渠道销售经理与渠道经销商老板谈话的内容共有四个重点：销售目标管理、渠道秩序管理、帮助渠道销售以及渠道强弱管理。

销售目标管理

在与热情接待你的渠道经销商老板简单寒暄之后，你所提出的第一个谈话重点就应该是销售目标管理。

谈论销售目标可以从三个方面着手：谈业绩、看库存、做预测。

第一，谈业绩。

在拜访渠道经销商前，你就要做好相关准备工作，即打印显示渠道经销商截至目前的销售状况的表格。优秀的渠道销售经理通常会打印显示销售指标完成情况的表格。在谈业绩时，你可以一边和渠道经销商老板说："陈总，我们来看看 2018 年 1 月到 7 月你们的销售情况怎么样。"一边递上你已经准备好的指标完成数据材料。

更有经验的渠道销售经理还会给予渠道经销商更多的参考材料和意见，包括渠道经销商的销售历史数据、市场份额、可能有的市场机会等。这样的谈话，能充分展现你作为渠道销售经理的专业度，表明你对渠道、市场甚至所谈话的渠道经销商都是非常了解的。

所以，谈业绩就是用所有的数据来告诉你的渠道经销商到现在为止他的业绩情况。

第二，看库存。

有些优秀的渠道销售经理在见渠道经销商老板之前，会先去盘点这个渠道经销商的库存情况。对渠道销售经理来说，要切实了解自己的渠道经销商，最好就是看它们的库存。通过掌握渠道经销商实际的周转情况、存销比、在目前市场的机会、上个月或者是上个季度的销售额和库存情况，你就可以大致判断出它们现有的问题和风险在哪里。

然后，在这次会谈中，你就可以和渠道经销商老板具体讨论怎么处理库存，一起想办法解决实际问题、规避风险。

第三，做预测。

在制定了销售目标后，渠道销售经理每个月、每周甚至每天都需要跟进渠道经销商的销售进度。与渠道经销商老板会面时，你要向他展示你根据数据跟踪所做出的销售预测。

或者，你可以拿出你的销售跟踪工具——销售漏斗，和渠道经销商老板一起用销售漏斗来分析数据，从而了解销售的趋势，做出预测。你们要看看哪些属于销售预测中即将要签单的、即将要卖出去的，也就是在销售漏斗底部的。这样就可以看出这个渠道经销商是不是可以完成全年的或者某一季度的销售指标。

只要你以业绩为重点设计你的开场白，从销售目标谈起，"我们在年初或者去年年底为你设定的目标，你到现在为止完成的情况怎么样"，"你的库存情况怎么样"，"你的销售预测又是怎么样",一环接一环,环环相扣,代表厂商和渠道经销商老板一起回顾他的目标和指标完成情况,那么,即使这个渠道经销商老板是亿万富翁,他也只会更尊重你,和你平等地对话。这会让你们的沟通极富效率。

渠道秩序管理

第二个谈话重点是渠道秩序管理。

很多渠道经销商老板都会希望将这个话题作为谈话的第一个话题。因为同一区域中,你的渠道经销商往往并不只有这一家。某位老板可能会用这个话题来抱怨你的其他渠道经销商,像"它们价格低了""哦,它们没有货了""它们窜货了",等等,借此来告诉你现在的秩序是混乱的。这样他就能在这个话题上掌握主动权,提出:"唉,我做得多么好。""唉,我价格低的话也是有原因的。"这也是为什么我请你将第一个谈话重点放在渠道经销商的目标和指标完成情况上,而不是渠道秩序的管理上。

在聆听渠道经销商老板谈论秩序的过程中,如果发现他因为其他渠道经销商的违规也做出违规行为,你应该对所了解到的违规情况进行严厉指责,并且严肃地批评、教育这个渠道经销商老板。如果没有这一情况,你就继续听他的抱怨,同时记录下来。

通常,渠道经销商老板谈到的市场失序状况包括价格混乱、低价窜货。造成这些市场失序情形的原因有两个,可分别归咎于厂商和渠道经销商。

一是厂商给渠道经销商定了过高的指标。

如果目标设定过高,会导致渠道经销商压货过多。在库存压力下，它们会尽快地出货，从而造成了一些价格上的混乱。这也提醒我们，除合理设定渠道经销商的销售目标之外，还要关注它们的库存。如果库存压力太大，渠道经销商肯定会抛货。

二是渠道经销商自身出现了问题。

如果发现你的渠道经销商有不听指令、严重的抛货或者出售外地货的行为，在严厉指责违规行为的同时，你必须关注违规行为本身是不是渠道经销商释放的一种信号。它可能表示这个渠道经销商不想做了，或是它的资金链存在问题。这个信号是你必须获取的，否则必将面临失控局面的扩大。

作为渠道销售经理，你最应该怕的是什么？就是供大于求。你的渠道经销商有一大堆的库存，然而市场实际并没有这么多的需求，这往往就是秩序紊乱的根源。

因此，优秀的渠道销售经理应当十分了解市场的容量和他所有渠道经销商的库存，而且能够在此基础上管控好渠道秩序。

帮助渠道销售

第三个谈话重点，也即最能体现渠道销售经理价值的话题，就是如何帮助或者指导渠道经销商实现销售额的增长。

在见渠道经销商老板之前，你得先去查看这个渠道经销商的门店，看它的陈列是不是有需要改进的地方。同时，你也要观察竞争对手的门店，与自己的渠道经销商的门店对比一下，看对方的陈列有哪些优势。甚至，有些优秀的渠道销售经理会影印其他区域优秀渠道经销商的案例及相关照片，带给所要会面的渠道经销商老板，为他指出当前销售所存在的具体问题，并提供详细的建议。

可能你会有这样的对话:"你们的陈列有些问题,旁边的竞争对手门店的陈列更好,可以借鉴参考。我这里有武汉做得非常好的渠道经销商的案例和照片,你可以拿去看看。"

这正是你这次拜访的价值所在。此外,你还可以向渠道经销商老板提出促销上的建议,甚至能够带来一些资金来资助他们开展拓宽市场的活动,以提高销售能力。

像这样的销售拜访,渠道经销商的老板每个月都会翘首以盼,因为你的拜访本身是有价值的,能够真正帮助到渠道经销商。

所以,你不能简单地认为自己是厂商代表,与渠道经销商见面就是开渠道、定指标、压货。对于渠道经销商老板而言,这三项是没有任何价值的,只有对渠道销售的帮助才能够解决他们的库存,这也才是彰显你价值的地方。

现在我们经常说的销售 3.0 是什么,其实就是价值销售。当你把价值带给渠道经销商了,它们才会真正成为你的嫡系队伍,在关键的时刻为你冲锋陷阵。

渠道强弱管理

与渠道经销商老板会面的第四个谈话重点就是渠道强弱管理。

什么是渠道强弱管理?就是你对区域中大大小小渠道的平衡管理。你所拥有的渠道经销商必定有强弱之分,在与渠道经销商老板的谈话中要能形成共赢的区域渠道的发展战略和规划。

相对较强的渠道经销商的老板会有发展的野心,等他实力进一步增强时,他可能会和你叫板,甚至提出一些你认为过分的要求。现实中,渠道经销商压垮厂商的例子时有发生。往往渠道经销商强大了,对厂商的要求也会越来越多。渠道经销商可能要求厂商提供信贷,让它可以慢慢地付款;可能要求厂商提供昂贵的供应链系统,使得厂商为了整个系统水平的提高还需继续做更大的投资。但结果呢,厂商的利润被大经销商压得几乎没剩多少。

这种情况下,你可以用渠道经销商和厂商相依为命的案例,与你的渠道经销商老板沟通,大家以朋友的方式坐下来谈一谈。

你可以尝试用反问的形式促使渠道经销商老板换位思考,比如:"虽然你是渠道经销商老板,但你也是做企业的,如果发生了这样的情况,你会怎么做?"这样,有企业经营常识的都知道,上述情况下企业可能会改变销售的模式,从渠道销售转变为直销。直销,也就意味着不再需要渠道经销商。那么,为达到双方的共赢,我们只能携手解决当前的问题。

觉伟的故事

在担任泰特利斯中国区总经理期间,我就遇到过渠道强弱管理的问题。当时,我们最大的渠道经销商高尔夫 A 在全国渠道布局,发展非常迅速。随着生意规模的扩大,高尔夫 A 的老板开始频繁地与我叫板,想尽办法让我兑现他的要求,谋求自身最大的发展空间与利润。高尔夫 A 的要求主要有三点:

一是要更高的扣点,比如其他渠道经销商是六折进货,高尔夫 A 就要五五折进货;

二是要赊账,别人现金取货,他却要一个月的赊账,在销售一批产品之后才支付货款;

三是要店铺装修的补贴。

作为厂商代表，我当然是希望能做好所有的业务，而不是被一家渠道经销商所牵制。因此，我采取了以下措施来应对高尔夫A的叫板：

第一，尽快发展更多的渠道经销商，不让高尔夫A一家独大；

第二，统一全国渠道经销商的扣点，防止小经销商被挤垮；

第三，禁止赊账，因为给大经销商赊账风险极大，万一他大量取货之后突然放弃我们的业务，我们就会出现呆账、坏账；

第四，允许店铺装修补贴或赊账，这也有利于我们厂商对外形象的塑造；

第五，以年末返点的形式给予业绩优秀的渠道经销商奖励，但要注意返点给的是渠道经销商所销售的产品而不是现金，这不仅能降低坏账风险，还能帮助我们厂商销货。

小　结

和渠道经销商老板会面，你可以从他们的目标完成情况切入，也就是谈业绩、看库存和做预测。然后，讨论整个区域渠道经销商的秩序状况及其管理。接下来，你可以凸显你的价值，提出一些帮助渠道销售的建议。最后，双方进行区域渠道发展的沟通，以实现渠道强弱的平衡。

思考题

1）与渠道经销商的老板会面，你通常谈论的话题是什么？

2）在与渠道经销商的老板谈业绩的时候，你有信心和困惑的部分分别是什么？

3）关于提升渠道销售能力，你的做法和建议分别是什么？

本讲语音二维码

第17讲 培养忠诚的渠道经销商

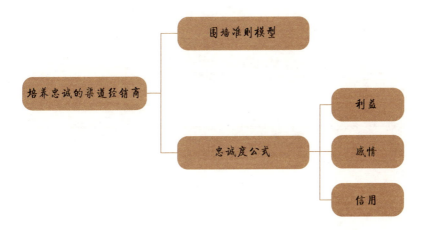

在我们讨论销售时,一直都在探讨如何在竞争中脱颖而出从而抢下订单。但在这一讲,我们将着重讲讲如何保证我们的渠道经销商不被别人抢走。这也是我们渠道销售经理普遍担心和最为关注的问题。

渠道经销商的忠诚度是一个非常有趣的话题,在渠道管理中有一个理论叫围墙准则。

你可能已经注意到本讲的插图,插图中,男士深情凝视女友,双方表示爱慕之心,甚至表达着相互的忠心。这很像厂商和渠道经销商。

当我们谋求一个优秀的伴侣,即想让实力强劲的渠道经销商成为我们的合作伙伴时,这些渠道经销商也同样会有寻觅更好的合作对象的意图。那么,如何筑起围墙留住自己拥有的好伴侣呢?这就是围墙准则试图回答的。

围墙准则模型

我在给渠道销售经理做渠道管理培训时,经常会有如何建立围墙准则模型(见表17-1)以保护我们的渠道经销商的互动练习。

表 17-1 围墙准则模型(示例)

服务内容	厂商			
	东软医疗公司	ABC医疗公司	XYZ医疗公司	GFF医疗公司
客户培训	√	√	√	×
短信问候(生日、年、节等)	√	×	√	√
主动询问客户有无问题	√	√	×	√

（续）

服务内容	厂商			
	东软医疗公司	ABC医疗公司	XYZ医疗公司	GFF医疗公司
不断沟通，调整期望值	√	×	√	×
提供各类培训和制订培训计划	√	√	√	√
了解潜在的客户需求	√	√	√	√
管理层深度拜访	√	×	√	√
渗透广告和促销计划	√	√	√	×
长期合作或利益联系	√	√	×	√
项目合资和相互参股	×	√	×	√
双方老板的认可度	√	√	×	√
区域窜货管理	√	√	×	√
合作的长期性	√	√	√	√

注：√——做到了，×——没有做到

举例来说，假如你要建立东软医疗的围墙准则模型，需要进行以下三步。

第一步，要找出和公司有同质产品的竞争对手公司。譬如，东软医疗的竞争对手公司就是ABC医疗公司、XYZ医疗公司和GFF医疗公司。

第二步，将需要进行比较的具体内容一一列举。我认为以下的对比内容可以作为参考：促销的手段、对渠道经销商的培训、对客户的了解深度、有没有和渠道经销商一起去拜访追踪客户、广告、网上旗舰店的形象、对开拓市场的补贴、个人需求和企业需求的满足，甚至双方老板的认可度都可列入。

第三步，评估是否已建立围墙。充分比较后，你就可以评判你的公司是否已经筑起防止渠道经销商流失的围墙。如果你的公司在各方面都比竞争对手做得好，那么祝贺你和你的公司已经成功应用了围墙准则，建立起了围墙。

那这个围墙的建立是否对你有用呢？你的回答可能是："唉，我是束手无策，这只是公司的条件、公司的政策。"

那从你渠道销售经理的角度和自身所拥有的各项条件出发，又如何才能切实提高渠道经销商的忠诚度呢？想要真正提高渠道经销商的忠诚度必须从利益、感情、信用三点着手。

忠诚度公式

渠道经销商的忠诚度＝利益＋感情＋信用

利益

我认为利益是提高渠道经销商忠诚度的首要条件。

现在的渠道经销商越来越理性和实际，与厂商谈合作时首先考虑的就是利益。因此，作为渠道销售经理，你也得将利益列入提高渠道经销商忠诚度首先考虑的事项，要让你的渠道经销商有利可图。

那怎样才能让渠道经销商有利可图呢？在厂商和渠道经销商之间起桥梁作用的你，要做好四个方面的工作：

1）你要向渠道经销商展示厂商的策略，让它们清楚作为你的渠道经销商是有钱可赚的。

2）你要能够提供一套切实可行的市场操作方案。

3）你要代表厂商与渠道经销商共同制定一个能达到双赢效果的关于渠道经销商的政策。

4）你要确保有一定的激励措施来调动渠道经销商的积极性，使它们可以获得更多的利益，从而提高它们对厂商的忠诚度。

感情

尽管几乎所有的渠道经销商老板都将利益作为他们选择合作伙伴的首要条件，感情依然是提高渠道经销商忠诚度的基础。人非草木，孰能无情。通过感情联络来提高渠道经销商的忠诚度，无疑是回报率最高的一种投资。

因此，你以渠道销售经理的身份与渠道经销商打交道，不单单是履行一个合作条款，或者去看它们的库存和产品销售状况，还有情感上的沟通。有了沟通就会有逐步深入的了解，在了解的基础才会有进一步的认可，得到认可才能实现合作。可以说，合作就是感情沟通的果实。否则渠道销售经理的作用又如何体现呢？厂商只需要在网上公布自己的营销政策就足够了。

在担任各跨国公司中国区总经理时，我会告诉我的渠道销售经理一定要对渠道经销商有感情的投入，否则会影响渠道经销商的忠诚度。同时，感情也是我委任渠道销售经理时的重要考量因素。如果某位渠道销售经理无法对本区域的渠道经销商有良好的情感投入，我就会将他调任到其他的区域。

一般来说，与渠道经销商进行情感沟通有以下三种具体形式。

第一种，在日常工作中多做业务回访，帮助你的渠道经销商做一些市场调研，给它们提供一些成功经营的案例。

第二种，厂商可以举办一些优秀渠道经销商的颁奖大会、渠道经销商的联谊会或者高尔夫球联谊赛，你个人可以经常与他们在饭桌上联络感情。

第三种，工作之外，你也可以多给渠道经销商老板及其家人送一些小礼物，记住他们甚至其家人的生日并送上祝福，了解他们的爱好从而投其所好。

以上这些感情的投入最终都会不断提高渠道经销商对厂商的忠诚度。

信用

信用，我认为是提高渠道经销商忠诚度的有效保障。

信用是一个企业重要的文化，是一种无形的资产，它代表着企业的形象、精神、理念和实力。所有企业的发展状况都和企业的信用息息相关。所以，一个企业只有具有良好的信誉才能得到渠道经销商的信任。也只有拥有了信誉，渠道经销商对你的企业、对你才有忠诚可言。

这点我相信你太清楚了，渠道经销商的老板多半是商场老手，他们与厂商打交道的时候最担心的就是信用。你作为厂商一方，对渠道经销商的承诺都必须及时地兑现，返点都必须及时地到账，否则将会直接影响渠道经销商对厂商的信任。你一定要及时地为渠道经销商申请它们的返点。

其实，对厂商而言，它也会希望维持自身的信用，因此你更不可以在工作上有所怠慢。如果你的拖延或失误让渠道经销商对厂商的处事和信用产生了怀疑，必然会使它们的忠诚度下降。

因此，我们说，厂商如果想要持续拥有一批忠诚的渠道经销商，就必须注重自己的信用。

小　结

为维持渠道经销商的忠诚度，一方面，你可以利用围墙准则模型，把自己企业所有的条件与竞争对手做比较，了解是否建立起了维护自身渠道经销商群体的围墙。另一方面,你要学会应用影响渠道经销商忠诚度的公式,从利益、感情、信用三点着手,防止你的渠道经销商流失。利益是提高渠道经销商忠诚度的首要条件,感情是提高渠道经销商忠诚度的基础,信用则是你和渠道经销商之间合作的根本,也是提高渠道经销商忠诚度的有力保障。

利益、感情、信用,这三点都要你和你的公司做大量的工作,只要付出真诚的努力,你的渠道经销商一定会保持忠诚。

思考题

1)在提高渠道经销商的忠诚度上,你个人的做法和实际遇到的困惑是什么?
2)在对渠道经销商的感情投入方面,列举你都做了些什么。
3)渠道经销商的离开对厂商会有什么样的影响?

本讲语音二维码

渠道掌控为王　第18讲

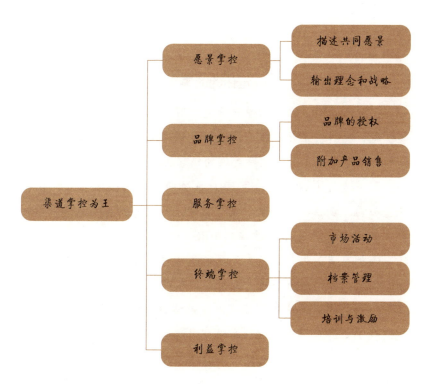

完成自己"领地"的渠道开发之后，你，渠道销售经理，不仅需要培养你的渠道经销商的忠诚度，拥有一支嫡系队伍，更要能够让自己的嫡系队伍充满十足的战斗力。此时，你对渠道的掌控，即对渠道的培育和管理，就凸显出它的作用。我们在本讲称"渠道掌控为王"，就是要强调渠道掌控在渠道销售中的重要性。

那如何实现对渠道的掌控呢？这一讲我将以我自己培育和管理渠道的经历为例，教授你五个实际操作的手段，帮助你掌控你的渠道，从而让你的渠道经销商所组成的嫡系队伍打下一场场漂亮的胜仗。

愿景掌控

觉伟的故事

在中国，ERP系统的销售历史只有三十年。该系统的销售刚起步时，相对较早开发的制造资源计划系统为主推产品。我应该是国内最早经历了两者代际更迭的销售元老之一。

最早进入中国市场销售ERP系统的是美国知名的系统软件联合公司。创立该公司的罗杰·E.科维（Roger E. Covey）在他妈妈的厨房里开发了一款名叫BPCS的ERP系统。该系统软件在美国拥有诸多用户。我则是系统软件联合公司在中国的第一个业务代表，并注册为它在上海的"首席代表"。

由于最快开展业务的方式就是找本地渠道经销商进行合作，我便找了上海启明软件股份有限公司这家合资公司来作为我的合作伙伴。我将罗杰·E.科维介绍给了启明软件的老板，与他共同描述我们软件的销售愿景，诸如多少企业会需要ERP系统这样的软件来进行企业资源管理。

之后，我的渠道经销商启明软件便招聘了许多本科生和研究生组成团队，和我一起在国内的制造行业销售 BPCS 软件。

没过多久，BPCS 软件就成为中国使用率最高和销售额最高的 ERP 系统，实现了当时我们所描绘的愿景。

销售 BPCS 软件的故事呈现了渠道掌控的第一种手段：愿景掌控。愿景掌控就是我们厂商和渠道经销商一起描绘我们共同的愿景。

大渠道经销商可能在公司刚成立时就已经有了长远设想，但并不是所有的渠道经销商都会有其自身的愿景，尤其是刚刚成立的小企业。此外，那些聚集了不少亲朋好友、只热心于怎么赚钱的渠道经销商，自企业成立之初就没有明确的企业愿景，而仅仅关注当下的销售。

我们厂商就要对这样的渠道经销商老板施加影响，多让他们与我们一起来描绘愿景。通常，渠道经销商老板们也非常愿意接受这种共同的规划。在以往实践中，渠道经销商在厂商影响下设计愿景、向厂商学习公司文化的例子比比皆是。

一般来说，愿景掌控的做法可分为两步：

1）描述我们厂商和渠道经销商共同的愿景。

2）多向渠道经销商输出我们厂商的理念和发展战略，讲述公司的传奇故事。

假设你作为小米公司的渠道销售经理，你可以对渠道经销商老板讲讲公司创始人雷军的传奇经历，借助他和公司的影响力，告诉他们追随小米一同前行。然后，你可以阐述未来发展，譬如："小米手机的成功只是开始，下一步我们还会并且也有能力做空调等一系列能让渠道经销商赢利的上下游产品。"那么，渠道经销商一定会积极地争取成为你的合作伙伴。

品牌掌控

渠道掌控的第二个手段就是品牌掌控。

因为我们的品牌对消费者本身已经有了很大的影响力，所以渠道经销商做我们的品牌能够较为容易地获得消费者。像可口可乐的老板就敢说："你把我所有的厂房都烧掉，只要给我可口可乐这个品牌，我一样能够再次拥有今天的这个规模。"

我在担任日本美津浓高尔夫的中国区总经理时，就使用了品牌掌控这个手段。当然，美津浓这个品牌没有可口可乐那么大的品牌影响力，但还是有非常大的消费群体基础的。于是，我就利用美津浓的品牌和中国高尔夫球协会谈判，和各地渠道经销商一起举办美津浓高尔夫球青少年比赛、美津浓中国高尔夫球巡回赛等。那些渠道经销商都非常乐意参与，因为这种增强品牌影响力、提高品牌知名度的活动可以帮助渠道经销商提升在当地的销售能力。即使有些比赛渠道经销商连企业的商标都没能展示，它们依然愿意参与。

通过美津浓的这个例子，我们可以知道，品牌掌控绝对是掌控渠道的重要武器。你可以从两个方面着手，来实现品牌掌控。

一方面，你将品牌授权给你的渠道经销商，让它们能够有效地使用，例如允许渠道经销商在其自有的部分产品上印制厂商的品牌元素。

另一方面，就是允许渠道经销商在使用你的品牌的同时做些具有附加值的销售活动。举例来说，当渠道经销商在销售我们品牌的高尔夫球和球具时，我们允许它售卖它的手套。因为如果不和我们品牌的产品一起销售的话，可能它的手套并没有可观的销量。这样做，我们既帮助渠道经销商提高了销量，又能对它们进行掌控，控制的同时又做到了赋能。

服务掌控

现在越来越多的厂商，像西门子、美的、海尔，都将售后服务掌握在自己手上，这就是服务掌控。

我担任西门子利多富（2016年与迪堡公司合并为Diebold Nixdorf）华东和华中区总经理的时候，我们的销售几乎全部是通过当地的渠道经销商进行的。不论是将我们西门子利多富的ATM机售卖给全国的各个银行，还是将我们的收银机出售给麦德龙、家乐福，这些销售都由我们的渠道经销商完成。但是，当时西门子所有的售后服务都由我们厂商自己承担，因为我们厂商售后服务的能力一定是强于渠道经销商的。

针对服务掌控，渠道销售经理需要完成三个方面的工作。

第一，你要制订一个好的解决方案。你一定要用顾问式销售形成完整的渠道经销商解决方案。

第二，我们自己品牌的售后服务一定要自己来做。现在我们厂商的服务平台已经实现了销售的自动化和后续服务跟进，必须要求我们的渠道经销商按照我们的标准完成相关服务。

第三，非常关键的一点，你作为渠道销售经理要扮演好一个老师的角色。你要给你的学生渠道经销商充电，不断地提高其服务水平。这种师生关系的维持也是一种掌控方式。

终端掌控

第四种手段是终端掌控,即对零售门店和最终消费者的掌控。

觉伟的故事

在日本美津浓高尔夫工作四年以后,我转至高尔夫球第一品牌泰特利斯担任其公司中国区的总经理。

泰特利斯的强项就在于对终端的控制。直到现在,泰特利斯的全部产品都是由渠道经销商售卖。不管销售这个品牌的高尔夫球和球具的是哪个高尔夫球场或者街边门店,它们都是泰特利斯的渠道经销商而不是直营店。

担任总经理的时候,我经常和渠道经销商们一起跑一线的市场,所做的所有市场活动都是针对终端的。比如,在任何一个球场或练习场,我们所做的市场活动全部是针对高尔夫球和球具的最终消费者的。送你一条球的同时,我们也要记录下你打球的差点,即与你个人相关的信息。

泰特利斯还建立了所有的门店甚至营业员的档案,会将所有营业员召集到某一个城市进行培训和奖励。在为他们讲解新产品的功能的同时,我们也鼓励他们进一步了解终端,去为终端服务。

根据上述我在泰特利斯的工作经验,可以总结三个诀窍帮你做好终端的工作:

1)你做的所有市场活动都应是针对终端的活动。

2)建立你的终端档案,将所有的门店甚至营业员的档案完整地装进厂商的口袋里。

3）做好门店营业员的奖励和培训。

利益掌控

上面讲了四种渠道掌控的手段，它们可以对渠道销售过程的不同环节有所控制。我现在要说的最后一种掌控的手段，是利益掌控。相较前者，利益掌控更加敏感，看似容易，其实非常难做到。

譬如，在见你的渠道经销商的时候，所有的渠道经销商老板都会告诉你，他们并不赚钱，请你一定要多给他们一些支持，多给他们一些返点，多给他们一些利益。有的渠道经销商老板会赤裸裸地对你说："你再给点返点嘛。如果不给返点的话，不给好的价格，我真的做不下去了，我要倒闭了，没钱赚。"这些想必是你作为渠道销售经理经常会碰到的。

这时就需要你和渠道经销商老板一起坐下来，对当前的情况进行分析。

你首先要和渠道经销商老板分析他的投入，包括对产品本身的投入、产品的折旧费、公司的房租、人员的成本。

然后，你们一起核算销售厂商的产品的收入和最后产生的利润。

渠道经销商老板得到的结果可能是小赚而不是大赚。此时，你就要提醒他转型的风险，你可以这样说："好，接下来你就转型，不做我们的去做别的，那样风险很大，以后你会不会亏本？"在你与渠道经销商老板一起详细盘算之后，他能直观地看到转型后的利益和结果，并与现在少赚的状况相比较，可能发现转型的风险更大，从而调整他的期望值。

当然，也有分析下来确实没有利润的渠道经销商，这样的渠道经销商就很难继续和你合作。如果你不想失去这个渠道经销商，你就需要给公司写个报告。报告的内容无非以下三点。

一是在控制扣点不变的前提下，增大返利。

二是为渠道经销商提供更多的市场活动经费，与渠道经销商合作举办市场活动。多做市场活动有助于渠道经销商的销售，你也可以帮助它卖一些具有附加值的产品。

三是向公司申请渠道经销商的激励政策，例如给渠道经销商独家代理权，承诺两三年之内不发展新的渠道经销商，对渠道经销商少量投资。

觉伟的故事

我在美津浓工作时发展了高尔夫B作为我的渠道经销商。高尔夫B的业绩非常出色，是我们在南京地区最大的渠道经销商，其他与我们竞争的高尔夫球品牌也想将其收入囊中。为此，我非常注重对高尔夫B的利益掌控。

首先，高尔夫B业绩突出，我们为平衡渠道却没有给予它多于其他渠道经销商的扣点，因此，我就用年末返点的方式给它相应的利益，激励高尔夫B。同时，选择年末返点的方式可以保证高尔夫B不会在年内临时变卦，这样就可以将其掌控。

其次，在不会有损美津浓利益的前提下，将我们和高尔夫B的部分利益捆绑，借此将其掌控。比如，我们和高尔夫B合办美津浓冠名的华东地区青少年高尔夫球比赛，给高尔夫B门店的营业员一定比例的提成，补贴高尔夫B店铺装修、展示美津浓品牌标志的费用，甚至允许高尔夫B在其售卖高尔夫产品的工作车辆上喷上美津浓商标。

在这样的利益掌控之下,高尔夫 B 便不会随意放弃与我们的合作,不会投入我们竞争对手的怀抱。

小　结

这一讲我们的重点是掌控渠道的五种手段,分别是愿景掌控、品牌掌控、服务掌控、终端掌控和利益掌控。有效利用这五种手段掌控了渠道,我们就可以期待一次次成功的渠道销售了。

思考题

1)根据你的了解,你的渠道经销商的企业愿景是什么?
2)思考一下渠道经销商为什么会愿意成为你的渠道经销商?它们所看重的是什么?
3)你认为你的渠道经销商有哪些地方需要改进?

本讲语音二维码

第4部分

顾问式销售

　　作者是国内最早一批在惠普和企安达（QAD）公司接受ERP培训的顾问式销售人员。在今天，他已经把顾问式销售提升到利益共存、价值共创的境界。

第19讲 什么是顾问式销售

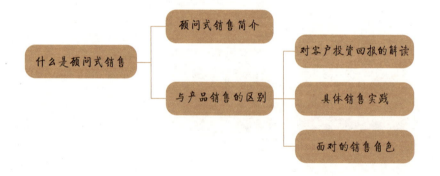

本讲我们将接触到最受学习者欢迎的内容——顾问式销售。对企业来说，顾问式销售能有效地帮助它们完成大客户销售、渠道销售甚至解决方案销售，从而产生更多的销售额。对个人而言，如果你想成为一名非常优秀的销售人员，达成更好的销售业绩，也一定要掌握顾问式销售。

判断某位销售人员是在做普通的产品销售还是顾问式销售，其实只要看他的表达与销售行为便可以直接区分。所以，我不会在此展开讲可能为一些读者所知悉的 SPIN 理论（situation question，problem question，implication question，need-pay off question）。相关的理论书籍可以通过很多渠道得到，你也可以轻松地按照里面的套路去实践。但是，我并不认为这个理论对你的销售有切实的帮助。

顾问式销售，更专业化的销售

现在我们展开第一个话题，为什么说顾问式销售可以帮助我们达到更为专业化的销售层级？

在第 1 讲中，我们已经明确了该如何成为专业的销售人员。衡量销售人员是否专业主要从两个方面着手：外在形象与内在知识。内在知识又可分为内部知识与外界知识，前者包括产品信息和公司知识，后者包括行业规范和时政知识。当一个销售人员具备了合适的外表、足够的内在知识，我们会评价他达到了专业销售人员的层面。

而对顾问式销售，我们则会在专业度上提出更高的要求，甚至说是终极的要求，共涉及三个方面：

1）会顾问式地问，有三种建议的询问类型。

2）会顾问式地讲，你的表达要能满足对方的个人需求。

3）会顾问式地做，即会做顾问式销售。

关于顾问式地问、讲、做，我分别会在第20讲"顾问式销售的'问'"、第21讲"顾问式销售的'讲'"、第22讲"顾问式销售的'做'"中详细讲解。

顾问式销售与产品销售的区别

那更专业化的顾问式销售和一般销售人员所进行的产品销售究竟有哪些不同呢？

在逐条对比两者之前，你要先明白，无论什么样的客户，他们所关心的问题是永恒不变的，无非以下六点：

1）你是谁？

2）你要跟我谈什么？

3）你跟我谈的这件事情对我有什么好处或者能为我带来什么利益？

4）如何证明你讲的是事实？

5）为什么我要购买你的产品，你们厂商的唯一性是什么？

6）为什么我要现在而不是以后再购买你们的产品？

然而，面对这些问题，顾问式销售与产品销售会提交完全不同的答卷。让我们先一起来浏览安妮与查理卖打印机的故事，看看他们各自会如何回应客户的问题吧。

觉伟的故事

我自己创办的公司不仅销售微软软件，还代理销售惠普打印机等硬件设备。我的销售团队有两个销售人员,一个叫安妮,一个叫查理。他们销售同一款喷墨打印机时,表现却完全不同,以下是他们各自与客户的对话。

安妮:"我们这台机器有远程上墨控制,自动油墨控制导向和板轴自动清洗装置。有互联网的情况下,所有印刷车间可以实现全球联网。这是当今技术最先进的喷墨打印机,25万元一台。"

客户:"你们这个要卖25万元,太贵了!"

安妮:"我们的成本是23万元,运费等其他费用则需要2万元。"

客户:"你们的产品太贵,还是施乐的喷墨打印机更便宜些。"

安妮:"施乐打印机使用的技术和我们惠普的都不在一个层面,我们的技术要好很多。何况我们的打印机还可以实现全球联网。"

客户:"唉,25万元实在太贵了,我要招投标。"

于是,安妮回去整理标书,她最后寄送的标书所关注的仍为产品的功能。

等到达讲标现场,尽管客户的采购部门和业务部门的代表都有在场,但安妮对话的对象基本都是采购部门的人员,他们不停地就价格、折扣等问题追问安妮。

最终,安妮还是因为报价不合适而没能中标。

了解了安妮卖打印机的情形,我们再来看看查理是怎么做的。

查理:"这台打印机可以节省您大量的时间,并且显著提高生产力和收益。您可以用11个月来收回您的投资成本。此后,每个月您还可以赚35000元。而您公司的工人也不需要再加班,工作效率大大提高。"

客户："我听说施乐好像和你们有一款差不多的产品，但是价格更便宜？"

查理："其实您工厂旁边还有一个印刷厂，用的就是我们的打印机。使用我们的产品之后，这家印刷厂的效率得到了显著提高。如果您持续使用现在的老款打印机，您的客户以后也许会把打印材料送到旁边那家印刷厂。因为它现在不仅印刷品质量好，交货速度还极快。"

客户："可是，25万元还是太贵了，我要走招投标流程。"

于是，查理也回去准备标书，但他是按照利润增长方案（profit improvement proposal，PIP）来做他的标书。

在讲标现场，和安妮不同的是，查理花了大部分时间与业务部门代表沟通，强调打印机对他们提升业务效率、获得更多收益的帮助。

最后，查理当场中标，成功出售打印机。

看完安妮和查理卖打印机的故事，你发现了吗，安妮和查理对同一款打印机的介绍角度是完全不同的。而这种差异直接影响了他们后续销售的难易程度，销售周期也不同。

我们一般将安妮的产品销售方式称作告知式销售，就是只将自己所了解的产品信息告知客户，让客户也知道。查理的销售方式是本讲所称的顾问式销售。

现在，我们具体来分析这两种销售方式有什么区别。

第一，对客户投资回报的解读不同。

安妮告知了客户产品的功能和价格，试图证明产品的功能、所需的成本与其报价是相称的，客户能够用合理的价格买到最优的商品。她的侧重点始终在于产品本身，围绕产品价格展开自己的销售。

查理则重点关注客户所能获得的收益。他在回应客户时，会帮助客户量化其成本收益，以告诉客户购买自己的产品或方案不仅能收回成本，还可以持续赢利。可以说，查理更多地站在了客户角度来反馈客户所需的信息。

第二，具体销售实践不同。

安妮以推销她的产品为目的，向客户详细解说自己产品的优秀特质，将自己的产品与竞争对手施乐的产品相比较，试图在自身与对手产品的较量中脱颖而出。

查理却没有这么做。他把解决客户现有问题摆在了首位。出于这个目的，查理会告诉客户，如果他们使用了自己厂商生产的打印机，就能有效提高生产效率，解决客户企业员工加班、效率低下等实际问题。查理还告诉客户，他们的竞争对手是谁，他们的竞争对手在做什么，他们与竞争对手的差异是什么。

第三，面对的销售角色不同。

由于安妮一直以产品功能和价格为推销重点，她在客户的眼中就只是普通的销售人员，她所代表的厂商就只是提供产品的供应商。那么，安妮所面向的必然是客户的采购部经理。采购部经理关注安妮所能提供的价格、折扣等。在与竞争对手的产品差异不明显的时候，安妮仅依靠价格去竞争就很难取胜。

而一直采用顾问式销售的查理，在客户眼中则是能看到问题、解决问题的行业专家顾问，他所代表的厂商是能够在未来价值共赢的合作伙伴。那么，业务部门经理就会是查理的主要接洽对象。业务部门经理关注业务增长、成本回收、效益创造等问题。当查理表明自己的产品可以帮助业务部门切实实现哪些价值、解决哪些问题时，业务部门也会帮助查理推动销售的进程，这让查理更容易在竞争中胜出。

以上即为告知式销售和顾问式销售的主要区别，以表格的形式呈现即为表 19-1。

表 19-1　告知式销售和顾问式销售的主要区别

	告知式销售	顾问式销售
投资上	用户付钱，我们公司提供好的产品、价格	销售者为客户投资提供收益分析
	销售者试图证明成本的合理性	销售者量化客户投资的收益
	销售者将产品和价格联系起来	销售者将客户的投资与收益联系起来
销售上	以销售自己的产品为目的	以帮助客户解决问题为目的
	销售者与自己的对手竞争	销售者帮助客户与客户的对手竞争
	销售者使用竞标方式	销售者使用 PIP 方式
角色上	销售面向消费者	销售面向投资者
	以销售人员的身份出现	以该行业专家顾问的身份出现
	提供产品的供应商	价值共赢的伙伴

现在市面上关于顾问式销售的书其实不多，我一直在思考为什么顾问式销售如此重要、有效，却远没有网络销售发展得那么迅速、推广范围那么广。可能就是因为顾问式销售是投资在销售人员本人身上的，而对人的培养是需要时间的，不像网络销售将钱直接投资在业务上，能很快见到金钱收益。

尽管时下网络销售正流行，但随着企业销售周期的日益复杂，企业会越来越关心大客户销售，有助于大客户销售的顾问式销售也会越来越受到企业的重视。对企业来说，顾问式销售可以帮助它们获得很多国内外知名的大客户；对你个人而言，顾问式销售会帮助你从销售人员的角色转化为顾问的角色，增强你做销售工作的信心。

小　结

顾问式销售是更为专业化的销售。它有助于企业获得国内外知名大客户，有助于你个人完成销售人员到顾问的身份转变，丰富你的销售信息。它需要你更关注客户的利益，从为客户解决问题的角度出发，而不是单纯关注产品本身，推销自己的产品。

思考题

1）对照顾问式销售的要求，你认为你的销售是顾问式销售吗？你达到相关要求了吗？
2）在销售过程中，你觉得客户接受你的销售的主要原因是什么？
3）你认为你的销售带给客户的是什么？客户从你的销售当中获得的收益是什么？

本讲语音二维码

第20讲 顾问式销售的"问"

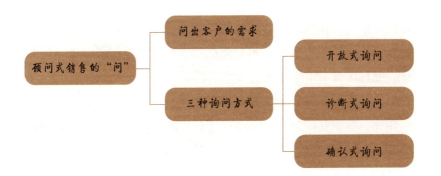

一般来说，大家对销售人员的既定印象就是能说会道。如果有些人表现得能说会道，旁人就会猜想他是不是做销售工作的。那么问题来了，不善于言辞的人或是内向的人能做销售工作吗？

答案是——当然可以。

可能你并不十分相信这个答案，那我就谈谈我的所见所闻。

和很多人一样，我自己也是从最底层的销售岗位开始做起的。当时，我们公司给定的销售指标很高，如果能完成甚至超额完成指标，公司就会奖励我们这些销售人员参加在世界各地举办的"超级销售明星年会"（High Achievers Club）。在"超级销售明星年会"上，我遇到过很多来自美国、欧洲、日本等世界各地的销售精英。在观察这些销售精英的过程中，我发现了一个有趣的事实，并不是所有的销售精英都如人们所想的能说会道，很多业绩极其优秀的销售精英甚至可以说是沉默寡言。

让一个不善言辞的人变得能说会道，让一个内向的人变得热情奔放，是非常困难的。即使做了这样的改变，也不意味着他就可以成为一名好的销售人员。要成为一名优秀的销售人员，拥有良好的表达能力不是最关键的，关键的是要学会顾问式销售的"问"，能问问题，会问问题。

问出客户的需求

在销售过程中，我们一般如何开启与客户的沟通呢？很多时候就是从提问开始的。你要在一次次的问答中找出客户的需求，问出客户需求背后更深层次的需求，这就是顾问式销售"问"的精髓所在。

第 20 讲 顾问式销售的"问" 179

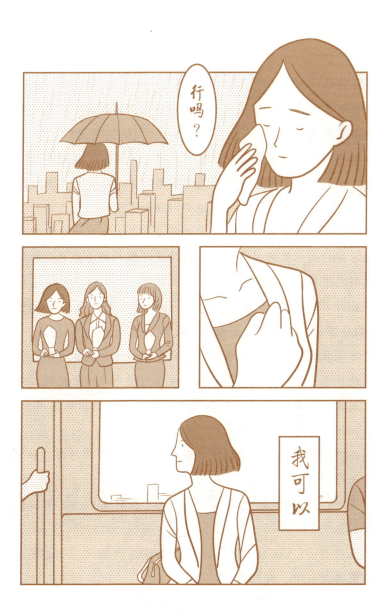

依照惯例，我先来分享一个"觉伟的故事"，看看好的提问对销售结果的影响。

觉伟的故事

销售车载冰箱的查理这天要去拜访国内某大型电商平台的采购部经理王女士。

据查理了解，王经理是性格直爽的北方人，现在是一位拥有三岁孩子的母亲。她从大学毕业起就来到该电商平台工作，通过七年的努力一步步走到今天采购部经理的位置。王经理不甘心于现在的职业状况，期待有更大的发展。可是，她的老板认为她一直没有跳槽的原因是追求稳定，也没有足够的能力在其他公司谋求更好的发展。

2018年年末，该电商平台高层将2019年的业绩目标提高至2000万元，王经理决定采购新的商品进行售卖，以完成指标。经过市场调查，王经理发现当前国内豪华车市场的快速发展带动了周边产品产业，车载支架、儿童安全座椅等周边产品的销售都随之获益但已增长乏力，而车载冰箱是可获利的新销售增长点。于是，她与查理有了业务上的接洽。

在见到王经理后，查理以开放式的提问作为开场白，和她展开了下述对话。

查理："王经理您对汽车周边产品产业非常熟悉，可以谈谈您的看法吗？"

王经理："虽然目前汽车周边产品市场比较热，但并不是所有的产品都好卖，可能会形成库存积压。"

查理："是的，您说的没错。那您如何看儿童安全座椅等周边产品?"

王经理:"儿童安全椅、车载支架等我们已经有很多库存了……"

查理通过提问引导王经理对行业市场进行讨论,引起她对产品差异性的关注,尽管汽车周边产品是当下销售的热门,但还是存在好卖与否的差别。

接下来,查理继续提问,深入挖掘客户的需求。

查理:"王经理,现在天猫、唯品会等电商平台都有自身发展的困惑,您认为您的压力主要在哪些方面?"

王经理:"我的库存压力很大,现在出货都不是很快。"

查理:"为什么会卖不出去呢?"

王经理:"因为定价过高,同质产品过多。"

查理很好地引导了王经理来阐述她库存压力大的痛点,一步步深入了解痛点形成的原因,也发现王经理比较保守,不希望库存积压、涨价。

查理:"王经理,您非常希望能有一个好的销量,对此您个人有什么利益诉求吗?"

王经理:"我已经工作了七年,虽然坐到了采购经理的位置,但我认为我还有进一步的发展空间。"

查理首先非常诚恳地肯定了王经理对事业的进取心,而后更详细地了解到,王经理的老板对她的了解并不充分,没有真正了解她的工作能力和市场敏感度。

查理:"王经理,要不让我们的杨总经理和您的老板聊一聊,让他对您的工作有更好的了解?"

听到查理的这个提议,王经理表现得非常高兴,这很好地满足了她对成就的需求。

查理在一个个提问中，逐步了解了该电商的企业需求、现有的销售痛点，又找到了王经理的个人需求，并提出了相应的建议。

针对企业需求，查理阐述了车载冰箱与其他同质商品在销售上的不同，保证不涨价，不导致库存积压，不给电商带来更多库存压力。为满足王经理个人对成就的需求，查理安排双方老板的会面，让王经理的工作能力有机会被她的老板了解。

最后，查理成功拿下了该大型电商平台车载冰箱的订单。

三种询问方式

我根据自己多年的销售经验，总结出了顾问式销售的三种询问方式，可以让你掌控与客户对话的节奏。

开放式询问

采用这种询问方式，你就要谦逊地向对方提出一些探索性的开放式问题，尽量减少自己意见的表达，直接让对方尽情倾诉，给予他充分的表达时间。

你可以参考以下例子进行询问：

1）"我们就这个问题展开来谈，好吗？"
2）"发生了什么？"
3）"然后呢？"
4）"等一等，我非常感兴趣，是什么让你这样想的呢？"
5）"好，你可以给我举个小例子吗？"

诊断式询问

诊断式询问的重点就是要抓住客户话里话外所传递的信号，做出相应的诊断。这样的询问要尽量干脆，切合要点。根据所诊断内容的不同，我们可以将诊断式询问分为三种。

一是针对对方的感受和反应的询问。

"你对此感觉如何？""这让你产生了怎么样的反应？""对此，你的情绪是什么样的？""你的想法是怎么样的？""你的考虑是什么？"等都是你可以选择的问题。

二是对原因和动机的询问。

你可以提问说："为什么会发生这样的事情呢？""那么，导致这种状况的原因是什么？""你为什么认为会发生这种情况？"

三是为了了解对方行为、判断其目标或行为导向的询问。

"到目前为止，你都做过哪些尝试？""这样做，我们可以达到目标吗？""那么下一步，你准备怎么做？"等都是非常有帮助的问题，既能使我们知道客户接下来的行动，又能看到客户期冀的发展方向。

确认式询问

这种询问主要是为了确认客户的需求，甚至是确认客户需求背后的需求。我们通常在完成诊断式询问后，对诊断的结果进行确认时会提出此类问题。此时的询问一定要明确且简短，你还要耐心地等待对方的回答。

针对对方的感受和反应的诊断式询问结束后，你可以确认一下你对客户的感受、反应的判断，比如问："这个你比较反感？""对此，你就有了点情绪？"或是问："你有这种感觉？"

对原因和动机进行诊断式询问后,你可以再反问:"你也不知道是这样的?"你也可以向对方确认说:"你看看,我们是不是要重新考虑?"或者问:"你是不是要重新考虑?"

通过诊断式询问你了解了对方的下一步行为,判断了其目标或行为导向,你还是要反复核实他是否真的如此。你可以直接问他说:"下一步是明确的?""到目前为止,你一直在努力吗?"或者问:"只有这样才能达到吗?"这也是好的问题。

上述的这些确认式询问都可以帮助你明确下一步销售的重点,更准确、有效地开展接下来的销售工作。

当然,简单的了解并不足够,你必须在日常生活中不断地练习,强化自己顾问式销售"问"的能力。你可以根据我所提供的询问路径图(见图 20-1),一环扣一环地演练。我相信不论你是否善于表达,经过不懈的努力都可以成为会询问的优秀销售人员。

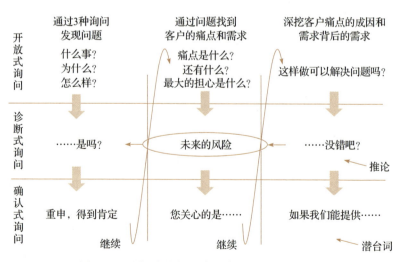

图 20-1　顾问式销售的询问路径图(井字攻略)

注:诊断式询问中的问题可以循环提问。

小　结

　　顾问式销售要求你不一定要能说会道，但一定要会问问题，能通过提问深挖客户的需求。你可以在日常生活中不断练习开放式询问、诊断式询问、确认式询问三种询问方式，以在真正的销售实践中有效把握与客户对话的节奏，和客户进行深入的沟通，争取获得订单。

思考题

1）在与客户的沟通中，你最担心的是什么？
2）你会用什么样的方法去练习听和问的技巧？
3）回想一下你和客户的对话，你是否很难与客户做深入沟通？如是，你认为原因是什么？

本讲语音二维码

第21讲 顾问式销售的"讲"

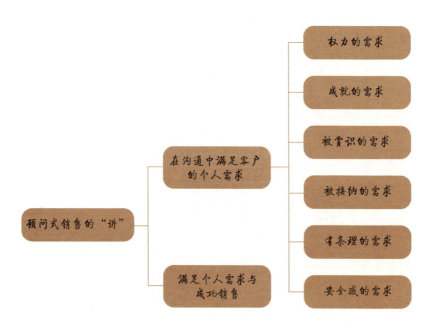

在第 20 讲"顾问式销售的'问'"中，我们强调做顾问式销售要学会问问题，问出客户的需求。那在了解了客户需求之后，我们又该做些什么呢？

首先，你要判断客户需求的类型。在第 3 讲"读懂客户的需求"中，我们已对客户的需求进行了分类，分为企业需求和个人需求。企业需求有财务上的需求、绩效的需求和形象的需求。个人需求则可分为权力的需求、成就的需求、被赏识的需求、被接纳的需求、有条理的需求、安全感的需求。

其次，你要尽力满足客户的需求。实际销售过程中，我们可以通过销售特定产品或提供特定方案来满足客户的企业需求。但是，客户的个人需求更为复杂，你要在不断的沟通中去满足。

因此，这一讲的目标就是让你学会顾问式销售的"讲"，能与拥有不同个人需求的客户沟通、打交道，在满足其个人需求的同时，将你们企业与客户的关系提升至合作伙伴的关系。

在沟通中满足客户的个人需求

权力的需求

拥有对权力的需求的客户，会希望把自己的控制力和影响力展示给他人。

与这种客户沟通时，你要注意肯定他的权威，要让一些已经有的结论、想法和建议看起来是他提议的。在销售拜访过程中，你看向客户的目光要坚定，与客户讨论不能被其震慑，可以相对强硬一些，要讨论主要利益事项，而不能拘泥于一些琐碎的细节。

像"您来控制……""由您来决定""毫无疑问……""从大局

来看……"等话语都迎合了这种类型的客户对于权力掌控的需求。你可以尝试在面对有权力需求的客户时运用它们。

成就的需求

对成就有需求的人往往会希望做任何事情都可以达到其预想的目标。

和有这种需求的人打交道，你要展示所能达成的目标。拜访这类客户，你要做充分的前期准备，制订周密、严谨的计划，描述产品和阶段性成果，展现你会如何尽力达成目标。但请注意，你只能承诺那些你能够完成的事情、真的能达到的目标，你也要兑现自己的诺言。

一些能彰显你的信心、展现成果的交流用语，非常值得你用来满足客户对成就的需求，例如"这是实实在在的业绩……""这样可以达到的目标是……""这正是我们预期的……""最小的影响……"。

被赏识的需求

这类客户渴望被人器重，渴望受他人尊重。

在与这种有被赏识的需求的客户交流时，你要认可他的个人经验，表现出你对他的尊敬，多问问他的建议。拜访他的时候，你一定要非常尊重他，如果有机会，最好带着你的老板和同事一起去拜访，让他感到自己被重视。

和这类客户对话，你可以试着用这些话语，它们能让对方明显感受到你的赏识与尊重：

1）"为了您的信誉着想……"

2）"在您所处的地位上……"

3)"很明显，您在这个方面具有……"
4)"您说得很对……"
5)"这些都很值得注意，您已经注意到了。"

被接纳的需求

有被接纳的需求的客户，往往期待深度参与，渴望获得参与感。

在销售过程中，这种类型的客户还是比较常见的，你需要积极地肯定你们之间的良好关系。你可以把他拉进活动或项目的微信群，多和他保持工作上的沟通。在平时，你可以花一些时间与他进行简短的交谈，可以多电话联络来强化彼此的关系。如果你愿意，你也可以经常邀请对方吃饭、听演讲或参加你的社交活动。

"我们每个人都……""您作为我们的一分子，我们一起……""从团队的前景来看……""……能促进交流"等语句都是符合客户被接纳的需求的。

有条理的需求

对条理有需求的客户会希望他清晰的思路和做事井井有条的能力能够被大家认可。

和这样的人打交道，你必须有充分的准备，做事也要周到有条理。销售拜访前，你要准备好所有的项目材料和技术说明书，做好充分的调查。谈业务时，你要注重谈数据，不可草率。你还须准备一个笔记本，及时记录客户的讲话要点，这能让他感到愉悦。如果牵涉到组织活动，你的安排也必须细致周到。

你可能会用到这样几句话，来满足客户对条理的需求：

1)"这些非常符合逻辑。"
2)"这是个条理清晰的方法。"
3)"我们会设置关键控制环节。"
4)"我们会一步一步地按你的要求来做。"
5)"如果我们用标准来衡量的话……"

安全感的需求

有安全感需求的客户要求任何事情都有安全保障，没有任何风险。

与需要安全感的客户交流，你必须带给他可靠的保障，这样才能逐步建立起相互间的信任。这一过程可能是缓慢的，你需要有耐心。销售拜访的时候，你不能只承诺，你最好用成功的案例、权威的证明材料来佐证你的观点。如果条件允许，你可以请一些专家为客户讲解、演示，带他实地参观。和有其他需求的客户不同，面对有安全需要的客户，你要学会先争取他上级的认可和支持，这也会让他有安全感。

在和这类客户沟通的时候，你要非常有信心地说"这些是没有风险的""这是一种万无一失的方式……""从我掌握的资料来看……"，等等。如果你已经有了成功案例或是发表了相关成果，你就可以直接告诉客户："我们现在所做的事情已经被认可，成果已经在某某地方发表过，已经有了成功的用户。"所有这些都是为了带给客户安全感，让他有信心与你合作。

满足个人需求与成功销售

下面我们来看两个故事，看掌握顾问式销售"讲"的技巧的查理和不懂这些的安妮如何进行他们的销售，又各自有怎样的结果。

觉伟的故事

故事一：权力的需求

查理的客户是一家大型服装企业，有较大的库存积压，直接影响了企业盈利。这家企业需要采购一套仓储管理系统（WMS）来减少库存，提高上下游间供应链管理效率。查理一直关注着这个项目，在得到消息称项目须等待企业老板陈总的最后拍板之后，便决定拜访陈总。

查理进门与陈总握手、简单寒暄后，就发现陈总有权力的需求，需要他人认可他的权威。虽然这家大型服装企业是一个家族企业，陈总仅为股东之一，但陈总的言行明显表现出他掌握了这个项目的最终决定权。

查理就用坚定的目光直面陈总，说："陈总，我知道您主管企业，毫无疑问库存相关问题是您来说了算……"查理在与陈总的对话中，主要谈论双方的核心利益，而不是细小、琐碎的技术问题，同时不断使用"陈总，这个事情是完全由您来决定的""从大局来看，您选用我们软件的决定有利于企业减少库存"等话语，直接满足了陈总的权力需求。

最终，查理成功拿下了这笔订单。

故事二：安全感的需求

安妮的客户是一家福州的运动鞋企业，这家企业同样有大量的库存。它的产品定位是面向二三线城市，价格相对便宜。随着阿迪达斯、耐克等品牌推出相对低价的产品线，这家原本产品销量很好的运动鞋企业开始面临库存危机。它需要一套ERP系统来管理生产资料和供应链。

于是，安妮去拜访这家企业的采购部经理朱女士。朱经理明确地向安妮表示需要可靠、低风险的解决方案。她希望听安妮讲述一些成功的案例，更渴望从安妮处得到供应商能确保成功的承诺。然而，安妮并没有像这位经理期待的那样做。她不是要求加朱经理的微信，就是邀请朱经理共进晚餐，想建立更为亲近的人脉关系，借此赢得订单。

安妮的做法让重视安全感的朱经理非常不适。她不但推辞了安妮共进晚餐的邀请，连安妮的微信好友申请都不愿意通过。很显然，安妮失败了，没能拿下这家企业的订单。

对比查理和安妮的销售结果，我们直观地看到了学会顾问式销售的"讲"对我们赢单的帮助。因此，我会建议你在拜访客户前，对本讲的内容多加练习。哪怕是敲客户办公室门之前，你都可以拿出这册小书，翻到这一讲，重温与有不同需求的客户沟通都有哪些重点。

请记住，只有在满足客户企业需求的同时，努力满足客户的个人需求，我们才能从单纯的供应商发展成为客户的合作伙伴，与之携手共创有价值的未来。

小　结

为构建与客户的伙伴关系，我们不仅要满足客户的企业需求，还须满足客户的个人需求，包括权力的需求、成就的需求、被赏识的需求、被接纳的需求、有条理的需求、安全感的需求。针对客户可能有的这六种需求，你需要掌握顾问式销售"讲"的沟通技巧和相关语言范式,有意识地在销售实践中运用以满足客户需要。这会给你的销售工作带来意想不到的益处。

思考题

1)拜访客户之前,你对自己有信心吗?
2)面对有不同个人需求的客户,你有相应的沟通策略吗?
3)见客户之前,你会在笔记本上记录你的沟通重点吗?

本讲语音二维码

第22讲 顾问式销售的"做"

- 顾问式销售的"做"
  - 根据客户需求来对话
  - 提供多元化的创造性解决方案
  - 持续展示解决方案的价值
  - 获得客户的信赖

对销售人员来说，应酬是必不可少的工作之一。仔细观察每个人应酬报销单的数额，你会发现一个有趣的现象，应酬多并不意味着销售业绩好。在实际销售过程中，很多销售人员都是自己贴钱请客户吃饭的。可是，也有一些销售人员，每次应酬客户都会为他们买单，甚至客户会提前预留时间与他们一起品酒、打高尔夫。

为什么客户对销售人员的态度会有如此大的差异呢？此时，你自己就要思考工作忙碌的客户又为什么要腾出时间接受你的邀约，与你一起用餐、打球呢？问题的关键就在于你作为销售人员的价值在哪里，你能为客户带去什么价值。

在第19讲"什么是顾问式销售"中我们已经提到，相较于一般的产品销售，顾问式销售是从客户的角度出发、能为客户解决问题、关注客户的收益、试图达到与客户价值共赢的合作结果的销售层次。顾问式销售人员正是上文中客户热切欢迎的销售人员群体。

因此，这一讲我就要以我曾经的下属为例，谈谈如何学会顾问式销售的"做"，分享他们受客户欢迎的经验。

根据客户需求来对话

想要做好顾问式销售，你必须基于客户的需求来与他对话。这也是客户对你的期待。

还记得第19讲里查理和安妮卖惠普喷墨打印机的故事吗？同样和客户做业务交流，查理和安妮的阐述思路却完全不同。安妮讲的是打印机这个产品的功能与价格——机器25万元一台，有全球联网、远程上墨控制等功能。顾问式销售人员查理谈的则是打印机能为客户带去的利益——可以为客户节省多少时间，减

少工人加班、提高多少收益等。查理后来还为客户提供了如何获得利润、如何实现利润增长的方案。

对比查理与安妮，你会发现他们所用的话语完全不同。安妮只是从一个销售人员的角度出发来和客户对话，着眼于自身所重视的产品功能与价格。顾问式销售人员查理则看到了客户的问题和需求，紧紧围绕着这些来展开自己的产品阐述，增强客户对自己的信任感。

这样的情况下，如果安妮邀请客户一起用餐，客户是不会愿意的，他并不希望在饭桌上再听安妮谈论打印机的功能。对于查理，客户会在接近饭点时主动向他提出用餐邀请，希望在吃饭时继续向查理了解什么时候可以盈利、什么时候工人可以不用再加班。

提供多元化的创造性解决方案

提供多元化的创造性解决方案也是深受客户欢迎的做法。

当前市场中，同质、同类产品很多，竞争也非常激烈，像微软、甲骨文、思爱普等都有很多相似的产品。我们的客户对这些产品的差异并没有很清楚的认识，那他们是如何选择购买产品或是解决方案的呢？

一般情况下，客户会听多家供应商的销售人员的推销介绍，在反复的对比中去了解自己需要什么，从而确定最终的选择。如果你经验不足，脑海中可能会有这样的想象：客户在了解所有的产品与解决方案后，以上帝的视角挑选出了最佳的产品与解决方案。然而现实的情景是，当你以思爱普销售人员的身份介绍完你的产品后，客户可能直接会说："甲骨文也有你介绍的功能，你能说一下你们思爱普产品的功能和甲骨文的功能有什么区别吗？"

甲骨文的这个功能不错,你们思爱普有吗?"

如果你的推销完全聚焦于客户所提出的这些问题,你会十分疲惫。在同质、同类产品不断迭代推出的现今,你要熟悉所有公司的所有产品线几乎是不可能的。那你要如何去做顾问式销售,来让你自己和你的客户满意呢?

现在我要为你介绍第二位顾问式销售人员瑞奇。瑞奇十分熟悉如何制作制造业的解决方案。我们知道制造业的信息、资源管理上会应用 CRM 系统、ERP 系统、产品生命周期管理(PLM)系统等产品。如果瑞奇只盯着这些产品的功能进行介绍的话,就会十分辛苦,客户也不一定欣赏。所以,瑞奇从来不谈论自己产品的某一个功能。他会整体性地向客户介绍 PLM 系统、ERP 系统等是什么、主要应用领域是什么,然后根据客户的需求,提供一个全面的、多元化的创造性解决方案。

按照瑞奇的做法,客户就不会在产品功能上对你持续追问,而是去了解你针对他们的需求所提供的方案。如果客户的需求得到充分的满足,你就很可能拿下订单。

持续展示解决方案的价值

做顾问式销售很重要的一点,就是你要持续展示你所提供的解决方案的价值,并且不能因为客户暂时性的需求而忽视这一点。

在这一方面,曾经在我创立的公司任职的詹森就做得非常好。当时詹森的任务是将我开发的 CRM 系统售卖给北京邮政。他从来不过分关注客户临时性的需求,而是非常清晰地陈述客户可获得的商业利益,提供投资回报率(ROI)、总拥有成本(TCO)等量化的数据，以此来讨论解决方案，展示解决方案会为客户带去的价值。

那么，詹森具体是怎么样做好这一点，从而把 CRM 系统售卖给北京邮政的呢？

第一，詹森阐述了这个 CRM 系统能给北京邮政带去的好处。当时北京邮政接了很多大客户的单子，比如 IBM 的直邮，娃哈哈的直复营销，它需要这样的系统和平台来完成这些订单。詹森首先就讲述了这款 CRM 系统能给北京邮政带来的直接利益——完成大客户的订单。

第二，詹森向北京邮政的工作人员介绍了这款 CRM 系统有益于他们工作的配套个性服务。北京邮政如果应用这款 CRM 系统，就可以跟踪它的大客户，相关的广告也可以定点群发。

第三，詹森特别向北京邮政的工作人员强调了他们所关注的公司声誉问题。詹森告诉工作人员，北京邮政将是我国邮政系统内第一家使用 CRM 系统的，如果采用这个系统，便可在业务上赶超 DHL。这也在之后的埃森哲评估中得到印证。北京邮政因为在支付、营销业务中使用了我们的 CRM 系统，在客户服务，尤其是大客户服务方面，确实超越了 DHL。

获得客户的信赖

做好顾问式销售的最后一个要点是，获得客户的信赖。

谈到获取客户的信赖，我必须说说汤姆的故事。汤姆原是在美津浓公司跟随我做市场的员工，在我跳槽至泰特利斯时，被我带到泰特利斯做了销售人员。

汤姆是如何从一个市场经理成功转型为顾问式销售人员，并且是一位备受客户信任的销售人员的呢？他的秘诀就在于用心，用真诚的服务之心赢得客户的信赖。汤姆可以为了他某位客户获得合适尺寸的鞋，从上海浦西开车三五十公里至浦东帮客户换鞋。汤姆作为曾经的市场经理，他的资质完全足够撑起顾问式销售人员这一新角色，但要做好顾问式销售，还是要依靠他为客户服务的赤诚之心。

小　结

在学习了顾问式销售的"问"和"讲"后，这讲我们将重点放在了顾问式销售的"做"。想要做好顾问式销售，你要能够根据客户需求来与之对话，提供多元化的创造性解决方案，持续展示解决方案的价值，用服务之心获得客户的信赖。本讲介绍的优秀的顾问式销售人员的做法都值得你反复揣摩、学习。

思考题

1）对照受客户欢迎的顾问式销售人员，你认为你的差距在哪里？
2）你一般如何约见你的客户？平心而论，你觉得他们对你抱有期待吗？
3）应酬时，你会和客户聊些什么？

本讲语音二维码

第23讲 顾问式销售人员的举止谈吐

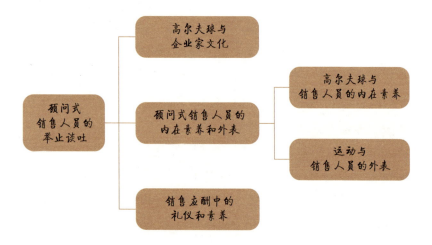

顾问式销售人员应该有什么样的举止和谈吐，也就是说个人素养呢？我曾多次受各商学院的邀请发表演讲，主题都与高尔夫球密切相关，像"高尔夫球与大客户销售""高尔夫球与顾问式销售"。出于好奇，我询问了邀请我的中欧国际工商学院的工作人员，某次演讲的受众是谁？得到的回答是，出席活动的是来自两个俱乐部的成员——由中欧国际工商学院在读的 EMBA 学生组成的高尔夫俱乐部、中欧国际工商学院 EMBA 出身的企业家组成的高尔夫俱乐部。听到这里，我就明白了，我的听众同时具备两种身份：中欧国际工商学院最会玩的人和最会做生意的人。于是，我准备了两套演讲方案，一套讲高尔夫球，一套讲大客户销售和顾问式销售。

那天，我走进中欧国际工商学院的阶梯教室，台下黑压压的，坐满了人。出于专业销售人员的工作习惯，我需要了解听众的需求再来进行我的演讲。于是，我的开场白便是告诉在场的听众我准备了两套演讲方案，想了解他们更希望听哪个。我请他们举手示意希望听到的内容，你猜猜大家更希望听什么？

我来揭晓答案吧——听众们都愿意听大客户销售、顾问式销售。邀请我做与高尔夫球相关的销售演讲，是因为很多人以为我是高尔夫球打得好才顺利将创办的公司卖给了新加坡电信。然而，我是在完成这次并购之后才接触的高尔夫球。

尽管这是一场美丽的误会，我仍然非常建议作为销售人员的你去了解高尔夫球、懂高尔夫球，这不单单能增加你与客户的话题，还能帮助你更好地理解顾问式销售、做好顾问式销售。

高尔夫球与企业家文化

我现在几乎每个月都要参加一些上海商会或者企业家俱乐部举办的高尔夫球联谊赛,不仅是因为我个人非常喜欢高尔夫球这项运动,还因为高尔夫球在当前中国职业经理人和企业家的商业圈子里十分流行。

高尔夫球运动对个人的发展非常有益,它能带给你自信,让你拥有乐观的精神,也能赋予你静心、专注的能力。这些都是掌控企业发展的企业家们所需要具备的优秀品质。在欧美,有些商业人士从小便跟随父母学习打高尔夫球,接受关于企业管理所需素养的培育。可以说,高尔夫球与他们的企业家文化紧密相关。《今日美国》就有一个调查,调查显示 90% 的美国大企业的 CEO 都打高尔夫球,而且他们有将近 20% 的大生意都是在高尔夫球场促成的。高尔夫球成为企业家们重要的社交活动。

在中国,高尔夫文化才刚刚开始推广普及,但已有不少高学历、高收入和高影响力的人参与到高尔夫球这项运动当中。如果你所要拜访的客户喜欢打高尔夫球,而你又恰好懂高尔夫球的话,根据我的经验,你们会很投缘。因此,作为销售人员,尤其是顾问式销售人员,懂得高尔夫球将非常有利于你自身素养的提升与业务的拓展。

顾问式销售人员的内在素养和外表

高尔夫球是一项对参与者有极高要求的运动,其对于内在素养和外表的要求与顾问式销售有太多的契合点。

高尔夫球与销售人员的内在素养

高尔夫球运动内在的核心精神包括诚信、自律，顾问式销售也是将信誉摆在首位。

打高尔夫球可以看作是与自己的一场较量。打高尔夫球时，并没有人看着你打多少杆，需要你自觉地报数，这使得这项运动需要所有参与者都讲究诚信才能很好地开展。如果你在球场上耍赖皮，没有好的球风，就没有人愿意继续与你一起打球，而这样的球风也往往反映出个人的商业风格，你也很难与你的球友在商业上有所合作。

运动与销售人员的外表

高尔夫球运动需要你按要求着装，就如作为顾问式销售人员的你须依照第9讲"注重你的外表"中的建议得体着装。

除了着装，懂得商务礼仪也是十分重要的，就像打高尔夫球时你必须时刻保持风度，遵守他人推杆时不随意走动等基本规则。现在很多客户并不注重你个人的背景，不关心你是否留过学、有何长处等，他们愿意与你成为朋友的前提是你是个有趣的、懂规则和礼仪的人。

那么，我们很多年轻的销售人员，他们虽然没有开始打高尔夫球，但是对于其他运动，比如网球、马拉松、练器械、跑步、滑雪和瑜伽等有兴趣，这些不仅是销售过程中的谈资，更能带来阳光的外表。运动磨炼我们的心智，比起吃汉堡、喝可乐带来的瞬间的"多巴胺快乐"，运动所释放的内啡肽，可以让我们更加专注地感受自己从0到1的很多变化。销售人员就需要这样的长期主义，日拱一卒。另外，每个人的身体状况不同，正如客户有不同需求，我们要有针对性地运动，把有针对性的解决方案给客户，这才能真正起到作用。我的"顾问式销售训练营"学员在作业打卡中写道："喜欢运动，2015年开始在上海参加过四次半马，我的耐力比较好，当我决定去跑的时候，就开始给自己定目标，长跑是和自己独处的过程，也是在一次次想要放弃的时候，一次次给自己积极正向的暗示的过程。运动对我销售工作的帮助是，让我的目标感更强，让客户觉得我非常阳光和健康。"

销售应酬中的礼仪和素养

在销售应酬活动中，销售人员的谈吐修养给客户的印象，对打单和签单都起着至关重要的作用。所以我们经常说，一次商务聚餐，足以看出销售人员的段位。

如果你是宴会的主人，你就要主动邀请来参加宴会的客户入座。如果你是赶赴客户所举办的宴会的客人，你就要等待主人邀请你入座，并且按着他所安排的入座次序，从椅子的左侧入座。

或许你会说，现在我和客户都约在大排档聚餐，我们像兄弟一样，从来不讲究这种客套。也许，你现在的销售层次这样安排就已经足够，但当你需要签百万级、千万级的销售订单时，你可能就会遇到更为正式的聚餐场合，需要讲究应当讲究的礼仪。

针对正式场合，我会向你建议六种非常简单的判断或安排座位的原则：

1）离门最远的是上座。
2）如果餐桌正对着门，门对面的是上座。
3）如果是左右两个位置，右边的是上座。

4）如果大家围坐一圈，当中的座位是上座。

5）如果餐厅可以看见非常好的景观，面对景观的是上座。

6）如果餐厅没有什么特殊的布置，靠墙的就是上座。

如果你们选择西餐厅进行商务用餐，或者所赴家宴的餐桌是西式长桌，那么坐在长桌一头一尾的一定是主人。客人则依照主人的安排入座，一般右为尊、左为次，主人的右手边是比较尊贵的客户，左边次之。

最后，在销售应酬中既不要太冷淡乏味，也不宜太过热情地劝酒、讲荤段子、自我吹嘘。

觉伟的故事

我公司的销售人员安妮具有英国留学的背景，对 ERP 系统有着非常深入的了解。因此，我安排她向广东一家库存量很大的运动公司推销我们的 ERP 系统。

安妮接洽的是该公司的采购部经理。初次拜访时，安妮与该采购部经理约定上午九点在经理办公室见面。可到了当天十点，采购部经理才看到踩着高跟鞋、一身精英白领装扮的安妮，且人还未进门，一股香水味就先飘了进来。

在短暂的交流过程中，采购部经理发现安妮说话非常喜欢掺杂英文，这让在国内一步步成长的他非常不适。等到了用餐时间，安妮竟然还向他询问附近是否有西餐厅。

在还未深入了解产品的情况下，忍无可忍的采购部经理就打电话要求我立刻换人，否则就会拒绝我们的 ERP 方案介绍。

虽然安妮有很好的专业知识，但她并没有遵守基本的销售礼仪，没有尊重客户的礼仪诉求，这恰恰就是她很快被拒绝的重要原因。

小 结

做好顾问式销售需要具有和高尔夫球运动相似的专业素养。对顾问式销售人员的外在要求和高尔夫球运动相似,一是按要求着装,二是遵守基本的规则和礼仪。在内在要求方面,顾问式销售和打高尔夫球都需要你有极高的遵守规则的自觉性,需要你注重自己的信誉。

思考题

1)你喜欢运动吗?你认为你喜欢的运动对你的销售工作有帮助吗?
2)你喜欢参与社交活动吗?你觉得什么样的社交活动对你的销售工作是有帮助的?
3)商务聚餐中,你不太欣赏什么样的行为举止?

本讲语音二维码

第24讲 销售再升级：价值销售

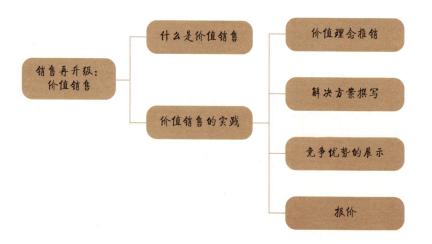

什么是价值销售

在本书第 4 部分，我一直致力于帮助你从销售 1.0 层次（产品销售）迈上销售 2.0 层次（顾问式销售）的台阶。但是，顾问式销售不是我们销售进阶之路的终点，我们还须实现自己销售水平的再升级，力争达到销售 3.0 层次（价值销售）的最高境界。

不同于顾问式销售，价值销售重在提出可为你和客户所共享的价值理念，并向客户推销这样的价值理念，在这一价值理念的引领下去制作、完善你的产品和方案。价值销售早已不是依靠锻炼你的销售技巧所能达到的了，它需要你有更广阔的视野、更高的价值理念。

价值销售的实践

在这一讲，我将重点讲述一个被我称为爱丽丝的网络推手的真实故事，带领你感受何为价值销售。

爱丽丝是某文化公司的创始人、CEO，是当今一百多位关键意见领袖（key opinion leader，KOL）的出版导师之一、百万级畅销书的制作人。

近期，我的邮箱收到了她的推文《爱丽丝的私房课：手把手地教你怎么多快好省地写作》。这篇文章看得我连连拍手称赞，来来回回读了好几遍，这正是价值销售的经典样板。

推文的第一段话就吸引了我。文章写道："在公布我的私塾课价格之前，我想和你讨论两个问题。我已经开了五期这样的私塾课，这是第六期的招生。前五期当中呢，有陈晓晖、卢俊等一百多位KOL参加我的私塾课。所谓KOL，就是关键意见领袖。大概有90%的学员对出书有两大认识误区，第一是觉得出书不赚钱，第二是觉得写书太难了。"直奔主题，点出客户需要解决的问题。

文章接着写道："这是天大的误会，我有必要来说明一下，学员是怎么通过我的私塾课赚到钱的，后来学员怎么觉得出书没有想象中那么困难的。"随后爱丽丝陈述了她自己的客户定位，并用成功的案例告诉大家出书不是不能盈利。

爱丽丝把客户分为两类。一类是前述提到的关键意见领袖。这些已经小有名气的意见领袖们希望通过出书来大幅提升自己的美誉度，获得更多的关注和流量，拥有更大的名气。如果在他们的书上印上公众号的二维码，将有10%的读者扫码关注他们。

另一类则是没有什么名气的作者，他们会希望通过出书来打造个人品牌，提升个人价值，赚取所需资金。爱丽丝曾告诉正在创业的学员，成天焦头烂额地忙着融资不如出书提升个人的品牌价值。这不但能帮助公司节省下巨额的公关费用，还可以借此获得公众信任，让融资更顺利。

爱丽丝接下来要"澄清"的认识误区就是写书太难了。爱丽丝这样写道："写书确实很难。就算你是有十几万粉丝的公众号达人，你可能也会因写书而焦虑。这就需要具体的指导。"于是，爱丽丝推荐她的新课，手把手地教授写作，并为客户解决以下五个可能存在的痛点。

针对不知道如何写书的客户，爱丽丝会先用一个小时来诊断，帮他们选择能有好销量的书名。

第 24 讲 销售再升级：价值销售 213

如果客户本身想出书，但无法快速形成文本，爱丽丝则会教授独创的写作体系，让客户在短时间内写出一本畅销书。这也是爱丽丝认为课程有价值的地方。

如果客户不知道选择什么样的出版商，爱丽丝就会具体介绍她所熟悉的出版商，尽可能让每个人都找到适合自己的出版路径。

对于担心在合同签订上处于不利地位的客户，爱丽丝则会帮他们厘清相关的注意事项。

客户最后的顾虑就是不会推销自己的书，爱丽丝则准备了一套立体的宣传攻略，让客户能把握好宣传的节奏，让书的销量翻三倍。

文章的最后一部分的标题是"为什么你们要来听我的课？"。她在这部分写道："我曾经做过八年的文化记者，先后访谈过莫言、郭德纲、陈丹青、杨澜、崔健、蔡康永、易中天等文化名人。我和当当网、京东、新华书店等，都保持着良好的关系。"在此，爱丽丝展现出了自己的竞争优势。

紧接着爱丽丝就附上了长长的成功客户名单，亮出了报价。爱丽丝的私塾课怎么收费呢？第六期的优惠价是每人15000元，但同时还紧跟着一个"三不"。什么是爱丽丝私塾课的"三不"呢？如果你认为课程不值得，就不约见；如果你通过众筹、借钱来学习课程，就不接待；如果你要在培训中录像录音，对外传播课程内容，那就不能参与课程。

读完了这则爱丽丝的故事，你会发现爱丽丝有非常多值得学习借鉴的地方。

价值理念推销

爱丽丝在她的推文中推销了"出书不困难"的理念，打破了大家固定的认知。她用几个有量化数据的实际案例不断地印证、强化这一点。

解决方案撰写

为帮助客户轻松出书，她围绕客户的两大认识误区——出书不赚钱和写书难，有条理地展现了自己的解决方案。你能看到她的解决方案是非常重视数字的，比如"一个小时诊断""销量翻三倍"。这能加深客户的印象，增强客户的信心。

竞争优势的展示

爱丽丝还不忘在最后展示她的履历和资源，让客户看到她的竞争优势。其后的"三不"显示出爱丽丝私塾课的规范性，这也体现出她对自己的价值和竞争力的认可。

报价

在推文的最后，爱丽丝报出了这一期训练营的价格。在价值销售的过程中，你要像爱丽丝一样，不能一开始就将在一定价值理念引领下形成的方案标价直接报给你的客户。因为价值销售更强调客户能够获得的无形收益。这种无形收益可能是情感、声誉等，是不能用收入减去成本这样简单的公式来涵盖的。在尚未接受你的价值理念的情况下，客户也很难接受你所拟定的价格。只有你们形成价值认同，才会有彼此认可的合作。

小　结

价值销售是销售的最高境界。它不是你通过简单的技术提高就能达到的,你还需要拓宽自己的视野,提升自我的修养。在实际的销售实践中,你可以借鉴爱丽丝的经验,尝试进行价值销售的实践。

思考题

1)在向客户呈现你的解决方案的时候,你觉得哪些是你无形价值的体现?
2)通过爱丽丝的故事进一步了解价值销售之后,你认为自己哪些方面有待提高?
3)如果你想从顾问式销售迅速进阶至价值销售,你觉得自己急需提高的能力有哪些?

本讲语音二维码

第 5 部分

解决方案销售

作者开发的 CRM 系统是中国第一套自行设计并获得国家专利产品注册的 CRM 系统，该产品被 IBM 收购并冠名 "蓝色 CRM" 在全国推广。

第25讲 解决方案销售的基础

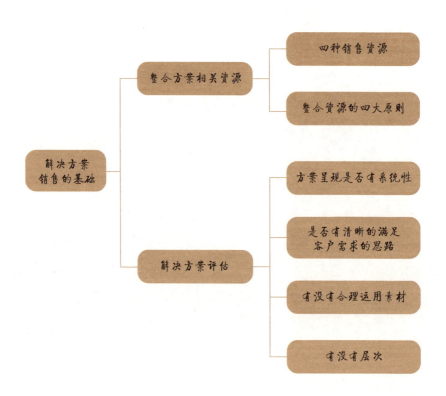

解决方案销售的开始，就是需要在企业内部协调资源，写个好方案。与客户真正谈判前，你必须做好充分的准备，一个高质量的解决方案是必不可少的。这一讲，我们讨论的主题就是在解决方案销售中，如何协调资源撰写最佳方案。

通常，解决方案不会由销售人员直接撰写，而是由相关专业出身的搭档或是另一个部门的同事来完成。他们有一个专门的职位称呼——"售前工程师"。我也有一位一起做解决方案销售的老搭档帕特里斯。下面我就先来讲讲我与帕特里斯的故事。

觉伟的故事

我二十年的老搭档帕特里斯是上海交通大学的高才生，我在惠普做销售工作的时候，他正是我们的售前工程师。身边的人对他的评价都非常高，认为他是一个聪明、可靠的合作伙伴。

我和帕特里斯一起在日本接受了惠普的战略合作伙伴企安达的培训，此后我们一直搭档做解决方案销售。帕特里斯负责撰写专业性极强的解决方案，我则负责协调公司资源、寻找最有用的参考案例，我们很默契，一次次成功拿下客户的订单。

我们之间也有一个磨合的过程。记得我们在湖北十堰做东风汽车项目时，公司定了35%的折扣可以给客户。当客户的部门主任说只要25%的折扣就可以签合同时，帕特里斯就情不自禁地笑了，脸上露出了满意的表情。这让我非常生气。于是，回到酒店后我就"修理"了他，说："你是做技术方案的，谈价格折扣是我的工作，你不应该流露出任何相关的情绪。你以为这个主任说25%，我们就真能按25%签下吗？接下来，他们副总经理可能会要求35%，他们老总可能会要求45%的折扣。"

经过我和帕特里斯在合作过程中的沟通协调，我们才最终形成了稳定的合作模式：他负责撰写解决方案，我负责资源协调和商务谈判。这也是我们最有效的合作方式，能够最大化地发挥我们各自的长处。

在这里，我想提醒你一些与售前工程师合作时的注意事项。

第一，你应帮助售前工程师协调资源，使他所撰写的解决方案更加丰富。

第二，你要掌控商务谈判的节奏和进度，用好售前工程师这样优秀的资源。他们所撰写的好方案确实能帮助我们赢单，他们对解决方案的讲解也往往更为透彻、清晰。你要遵循销售周期的规律，在客户最需要好的解决方案的关键时刻，请你的售前工程师来为你的客户讲解解决方案。

听完我和我的老搭档帕特里斯的故事，你是不是更好地理解了销售人员和售前工程师的关系了呢？那在解决方案的撰写过程中，我们销售人员应做的具体工作有哪些呢？

尽管前文中我说售前工程师会撰写解决方案，但他们最初交到你手中的这份方案也仅仅是一份初稿，这份完全从技术角度出发写作的初稿，并不一定能满足客户复杂的需求。这时，就要发挥你销售人员的作用，来判断解决方案是否能满足客户的需求及如何满足客户的需求。我们要做的工作有两项：整合方案相关资源，评估方案并提出修改意见。

整合方案相关资源

初步看方案的时候，你要关注售前工程师撰写的解决方案是否包含了我们手中所掌握的资源。如果没有或者有所缺失，你就要将相应的资源整合进方案之中，向客户进行介绍。

四种销售资源

我们在这里所谈到的需要协调、整合的资源，通常指企业的销售资源。销售资源可分为四种。

第一种是人力资源。

在做特定项目时，你要了解需要调用多少人力资源，能否从企业获得相关政策支持。可能有些支持政策是行业性的，比如企业可能对教育行业相关项目有特殊支持政策。

第二种是客户资源。

在开发客户时，每个销售人员都要问问自己：我有没有服务过与它同行业的其他客户？如果你做过北京邮政的项目，当你想做郑州邮政的项目时，北京邮政就是你的客户资源。像渠道和客户企业的一些大数据，也是重要的客户资源。

第三种是产品资源。

你要关注你所在企业技术服务部的资源，尤其是它研发或引进的新技术。

第四种是无形资源。

这是大家经常容易忽视的。无形资源就是指企业的声誉、拥有的成功样板客户、客户的信赖等。它们能增强你的潜在客户的信心，为你的解决方案加码。

整合资源的四大原则

想要整合人力资源、客户资源、产品资源、无形资源不是件容易的事。我建议你遵循目标一致、效率、明确责任、加强沟通四大原则，尽力达成资源的有效整合。

第一，目标一致原则。

当和其他部门或个人协调的时候，你要明确地告诉对方你的目标。只有大家目标保持一致，才能完成资源的协调整合。

第二，效率原则。

你在协调资源时要保持坦诚的态度，不能遮盖、抹杀问题。这时候你千万不能和稀泥，要明确地告诉大家，在这一阶段我们要全力投入一起完成什么任务，各个环节的分工如何，以此来提高组织效率。

第三，明确责任原则。

无论什么方案，你一定要确保每个环节的工作落实到具体的部门、个人。要让每个部门、每个参与的人都清楚各自的职责范围，只有这样大家才可能做到积极配合。项目合作中最忌讳的就是各自为政。

第四，加强沟通原则。

沟通是协调的杠杆，撰写解决方案的过程中你要经常和相关的同事沟通。在撰写过程中，只有各个环节都沟通好了，才能减少方案的疏漏，减少之后实际实施中的摩擦、扯皮。

解决方案评估

完成了解决方案的资源协调和整合，你的搭档可能会交付你一份更为丰富的方案，此时你就要就方案本身进行质量评估，并提出相应的修改意见。用通俗的话讲，你要学会挑刺儿。挑解决方案的刺儿，你可以从四个方面着手。

第 25 讲 解决方案销售的基础　223

第一，看方案呈现是否有系统性。

售前工程师在全面了解产品的来龙去脉、功能模块、适用的领域、典型客户等信息之后，会在脑海中形成一个撰写体系，然后尽量将其以文字的形式呈现出来。你在做解决方案评估的时候，就要关注你的搭档是不是真的将这些信息系统地论述出来了，方案中是否呈现了完整的产品知识体系，有没有和竞争对手做系统的比较等。

第二，看方案是否有清晰的满足客户需求的思路。

你要仔细检查你的搭档是否对你所告知的客户需求有所回应，是否提供了一个清晰的思路来满足客户的需求，是否依据这个思路设计了具体的实施步骤。如果有，这自然是质量非常高的解决方案。

我常遇到这样的售前工程师，他没有真正的思路，每次写方案只依照一个模板，自以为这样的模板适合于所有的客户、所有的企业。这种解决方案是经不起推敲、没有意义的。

第三，看方案有没有合理运用素材。

有时候有些售前工程师有了思路想法，很辛苦地写作解决方案，却很难有理想的效果，这是为什么呢？一般来说，遇到这类问题的都是刚刚加入企业的新人。由于在企业的时间不长，他们对业务不够了解，对产品不够熟悉，对客户的情况不清楚，没有足够的素材去支撑他们很好地呈现自己的思路。

因此，你看方案的时候要评估它是否有血有肉，企业成功的背景、成功的样板客户等丰富的素材是否已经被有效利用起来了。

第四，看方案有没有层次。

你不能简单地和你的搭档售前工程师说："你这个方案写得非

常好，有血有肉，有素材，有思维，但就是没有层次。"他肯定会生气地反驳说："我明明写得很有条理，怎么会没有层次呢？"

其实，我们在这里所说的要有层次，指的是解决方案的内容要对应向客户展示的三个阶段，每个阶段解决方案的呈现都要有不同的重点。你只有一步步地吸引客户、展现方案内容、告知其方案的可操作性，才能彻底赢得客户的心。

向客户呈现解决方案的三个阶段为建议阶段、设计阶段和实施阶段。

第一个阶段，建议阶段。

这一阶段，解决方案的内容一定要能牢牢抓住客户的目光，吸引住客户。其关键秘诀就是"秀"，要能秀出企业自身的实力。

解决方案要用简练的语言，秀出企业的成功案例，秀出优秀的实施队伍，秀出负责人个人的技术能力，让人一眼就看出企业对这个项目、对这个方案很用心。当然，你所展现的内容也是有选择性的，要从客户的需求出发，体现你的企业区别于竞争对手的亮点，这才能"秀"到客户的心里。

第二个阶段，设计阶段。

设计阶段的解决方案则应该体现你和搭档的专业度，明确、详细地列出解决方案配置的设备数量、所需的预算资金等重要资讯，并以优秀的体系和结构来呈现这些信息。

在此，你们要不断地给予客户新的认知，让他们可以在心中盘算自己的投资最终可以获得什么样的产品，让他们有一种期待感。

同时，解决方案也要向客户展现，你们已经充分地了解了客户的应用环境、硬件软件设备情况。这就要求你们事先初步估算客户对新技术方案的接受程度。

在设计阶段，解决方案的竞争往往是非常激烈的，一定要确保方案整体的合理性。

第三个阶段，实施阶段。

在实施阶段，需要说明实施的方法论。你们要做的就是告诉客户，你们提供的解决方案是具有可操作性的。

实施阶段一定要注意细节，你们要把每个阶段需完成的事项、达到的阶段性目标等关键信息写下来、标示出来。只有你们的解决方案能告诉客户关键的时间节点，他们才会觉得方案的实施是可控的。

在最后的实施阶段，我得提醒你，此时的解决方案不能用太多具有感情色彩的语言，你们要以务实的态度面对客户，让客户真正信任你们，信任你们的解决方案。

我相信，经过这样全面的解决方案评估，你和你的搭档一定能打磨出一份优秀的解决方案，赢得你们客户的信任。

小　结

为与你的搭档合作撰写一份好的解决方案，你要学会整合方案相关资源，学会评估方案并提出好的修改意见。

整合资源时，你要注意整合人力资源、客户资源、产品资源、无形资源四类资源，并依循目标一致、效率、明确责任、加强沟通四大原则。评估解决方案时，你要看方案呈现是否有系统性，是否有清晰的满足客户需求的思路，有没有合理运用素材，有没有层次。

相信你和搭档会在不断的磨合中形成默契，像我和帕特里斯一样，一次次成功完成解决方案销售。

思考题

1)你对自己交付给客户的解决方案满意吗,为什么?
2)你在撰写解决方案的时候遇到过什么困难吗?
3)请总结一下如何才能写出一个好的解决方案。

本讲语音二维码

第26讲 商机的判断

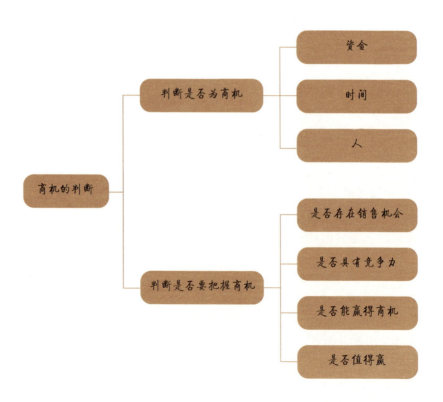

对销售人员来说，敏锐的商机判断力是不可或缺的。在日常销售过程中，我们都要尽力避免因判断失误而错过好的商机，或是避免在不良商机上付出太多而无法获得相应的回报。因此，在"解决方案销售"部分的第2讲，我们就要来谈谈如何判断、选择商机，让你能朝着正确的方向努力。

常见的商机判断情景有两种。第一种是公司提供给你一个销售线索，或者你自己发现了一个销售线索。此时，你就需要自主判断它是不是一个商机。第二种情景是一个商机被交到你的手中，譬如已经买了标书，那么你所要判断的就是是否真的要把握这个商机。

判断是否为商机

判断你所获得的销售线索是否为商机，我会建议你采用三个指标。

第一个指标是资金。

在是否为商机的判断中，资金是最直观的，也是最要紧的。和对方沟通的时候，你要有意识地去了解对方资金方面的信息，去判断他究竟会不会在这个项目上投入资金，会投入多少资金。要知道，充分的资金保障是项目得以推进的前提。

第二个指标是时间。

时间，是你在解决了资金的疑惑之后所要密切关注的事项。如果忽略时间这个指标，你很可能会错失非常好的商机。

你应该主动询问对方两个问题："你们那个项目什么时候开始呢？""你们那个项目什么时候会完成呢？"对方或许会给你一个明确的时间安排，或许支支吾吾含糊带过。由此，你可以判断自己是否要在这个项目上继续投入精力。

第三个指标是人。

关注了资金、时间，你关注的重心最终还是会落在具体的人身上。你所要关注的"人"不单是这个项目的负责人、负责部门的人，还有客户企业内的各种购买角色——项目决策者、技术把关者、最终使用者。

资金、时间、人这三个指标非常容易记忆。只要你拜访客户时有效掌握了资金、时间、人这三个方面的信息，无论回公司后老板询问你该销售线索的什么问题，你都能从这三点从容回应，展现你的专业素养，让你和你的老板做出最准确的商机判断、最有利的决定。

判断是否要把握商机

面对第二种商机判断情景，很多资深销售人员会说，判断是否要把握这样的商机，要依靠多年的销售经验和实践中培养的敏锐直觉。这种说法确实没有错，经验与直觉很重要，但我们也需要一些客观的衡量指标来保证我们依靠直觉与经验做出的判断不会有太大的偏差。

针对是否要把握商机，我建议从是否存在销售机会、是否具有竞争力、是否能赢得商机、是否值得赢这4个维度来衡量。

第一，看看这个商机中是否存在销售机会。

1）看你和客户双方是否有彼此可以满足的需求。

如果你有将产品或解决方案卖给客户的需求，同时客户也希望能够获得你的产品或解决方案，那么你们便拥有了彼此可以满足的需求。这是双方对谈的基础。

第 26 讲　商机的判断

2）看客户在行业内的优势。

带来商机的客户在行业内的地位和影响力也是重要的。如果该客户在行业内不仅有影响力，还是龙头老大，那就是一次非常好的销售机会，你要好好把握。

3）看客户的财务状况。

如果客户的财务状况不佳，就不会有真正的销售机会，盲目投入只会导致你的投入毫无回报。

4）看客户在这个项目上的投入。

你所须了解的客户的项目投入，包括但不限于项目相关人员的配置、项目预算、客户已投入资金等资讯。知晓这些情况，你大体就能估计这个项目的体量。

5）看客户对这个项目的推进是否有紧迫感。

如果这个项目不是很紧迫，可能会拖很久，那你就要考虑这是不是一个好的销售机会。虽然项目花费时间的长短与商机的好坏不能画上等号，但是时间拉长也意味着变数增多，你必须更为客观、慎重地分析、衡量。

想清楚这五个问题之后，你就能大致判断这个商机是否存在销售机会。

第二，看看这个商机中，你是否具有竞争力。

衡量是否具有竞争力有更具体的五个考虑点：

1）你做该项目的目的。

2）有无合适的产品或解决方案。

3）你和客户双方的商业价值观是否吻合。

4）你与客户的关系。

5）客户对你的信赖程度。

第三，看看你是否能赢得商机。

判断是否能赢可以从以下五点分析：

1）是否存在项目线人或客户内部的支持者。

2）双方高层对合作的认可度。

3）双方企业文化的兼容性。

4）客户项目审批和财务流程标准化程度。

5）客户与当地政府的关系。

特别要注意客户项目审批和财务流程标准化程度。如果客户的付款速度很慢，财务流程的推进总是磕磕绊绊的，或是干脆此项信誉不佳，那么即使能赢得商机，也要考虑放弃。

第四，如果有机会赢得这个商机，你还要认真考虑是否值得赢。你可以从五个方面思考这个问题。

1）客户是否会在短时间内启动这个项目。如果客户在三五年后才启动这个项目，那你可能就先不用考虑做这个项目。如果短期内客户就会启动，那就值得你去争取。

2）双方对长期合作的态度。比如，你必须关注双方的合作是基于短期收益还是长期收益的考量。

3）双方对回报的期望。你需要清楚地知道客户对利润的期望、对战略伙伴的期望等，尤其是客户对项目所能达到的效果的期望。

4）在这个项目上双方所承担的风险。

5）此次合作对双方的战略价值。

根据上述4个维度、20个具体考量事项，你可以制作如表26-1所示的商机评分表，来为你眼前的商机打分。评分表中每个事项5分，总分100分。如果该商机得分超过80分，那就十分值得你为之付出精力；如果低于80分，你就要谨慎地考虑，甚至放弃。

表 26-1　商机评分表

考量事项（5 分 / 项）	分数
维度 1：是否存在销售机会	
1）双方是否有彼此可以满足的需求	
2）客户在行业内的优势	
3）客户的财务状况	
4）客户在这个项目上的投入	
5）客户对这个项目的推进是否有紧迫感	
维度 2：是否具有竞争力	
1）你做该项目的目的	
2）有无合适的产品或解决方案	
3）你和客户双方的商业价值观是否吻合	
4）你与客户的关系	
5）客户对你的信赖程度	
维度 3：是否能赢得商机	
1）是否存在项目线人或客户内部的支持者	
2）双方高层对合作的认可度	
3）双方企业文化的兼容性	
4）客户项目审批和财务流程标准化程度	
5）客户与当地政府的关系	
维度 4：是否值得赢	
1）客户是否会在短时间内启动这个项目	
2）双方对长期合作的态度	
3）双方对回报的期望	
4）在这个项目上双方所承担的风险	
5）此次合作对双方的战略价值	
总计	

接下来，我将提供给你一个案例，你来尝试运用商机评分表进行评估，看看是否要把握这个商机。

觉伟的销售练习

你公司代理了法国某知名品牌的高端裁床，正在考虑是否与同样来自欧洲的某知名服装品牌合作。

经营该品牌的公司年利润高达百亿元，在全球 53 个国家都有门店，其中仅在中国就有 250 家，每年的毛利率达到了 59.1%。

近些年，中国的时尚产业快速成长，相关市场不断扩大。为更好地占领中国市场，该公司想将服装的生产制造环节直接放在中国本土，因此有采购裁床的需求。

该品牌服装属于时尚领域的快消品，追求时尚、强调价格优势的同时讲究服装品质。因服装须贴身穿着，该品牌强调面料品质，且面料消耗量大，所以对裁床的工艺精度有极其高的要求。

该公司的财务流程非常规范，秉持专业的国际采购标准，在全球范围内都有很强的业务实施能力。

由于裁床和服装同为欧洲知名品牌，该公司与你公司的高层都高度认可彼此品牌的信誉与品质，有着共同的商业价值观，维持着良好的关系。

依据上述信息，你通过填写表 26-1 的评分表来判断一下是否要继续跟进与这一知名服装品牌的合作。

小　结

当我们发现了一个销售线索，就要尝试从资金、时间、人三个方面判断它是不是一个商机。如果它是一个商机，或者有其他商机来到我们面前，我们就要考虑是否真的要把握住。是否存在销售机会、是否具有竞争力、是否能赢得商机、是否值得赢这 4 个维度是你应考虑的。你也可以直接采用本讲提供的更具体的商机评分表来评价你的商机，并在平日多加练习。

思考题

1)你的销售线索是通过哪些途径获得的?你认为一个好的商机要具备哪些条件?
2)当有了商机,你觉得你一定会赢吗?
3)尝试列一张清单,了解自己能赢得商机的优势有哪些。

本讲语音二维码

方案的呈现与演讲

第 27 讲

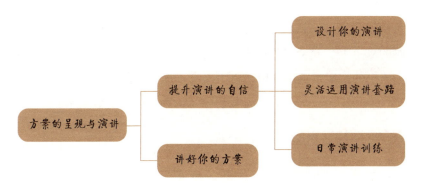

无论身处哪个时代，在哪个行业工作，掌握、运用有效沟通的方法都是很重要的。特别是在销售这个日日与人打交道的行业，你免不了要和客户阐述你的方案，有时候甚至必须在公共场合演讲。

我仍然清楚地记得，在美国完成演讲技巧培训后，我正洋洋自得，自以为可以游刃有余地应付演讲了，我的导师安德烈却走过来给了我当头一棒。他提醒我说："觉伟，你讲得很好。但我还是要提醒你，你讲公司和自己的部分太多了。你再仔细想想，你的客户真会关心这些吗？"我这才意识到自己忽略了这么重要的事情。

因此，学习一些演讲技巧还是非常有必要的。这一讲我关于演讲技巧的讨论，核心会放在如何表现你的自信，如何表达你方案的重点上。我会提供一些方法帮助你提升自信，也会教你把心中所想的方案重点准确地转化为语言，这可是非常了不起的能力。

提升演讲的自信

随着互联网的普及，人们现在可以随时随地公开演讲。但是，对演讲的恐惧还是占据着很多人的内心。为什么还有这么多人害怕演讲呢？因为没有充分的准备，心中无底，意志会随之动摇，恐惧便乘虚而入。为了避免、克服这样的恐惧，我们销售人员必须做好充分的方案演讲准备。

设计你的演讲

你可以将你的方案演讲清楚地分为开场白、主体、结尾三大部分，分别设计。好的设计能让你对自己的演讲充满信心。

第 27 讲　方案的呈现与演讲

第一部分是演讲的开场白。

开场白的重要性不言而喻。我曾和很多销售人员一起交流方案演讲的经验，发现在去客户处演讲的路上，或是演讲前一晚，大家都会花很多时间思考如何设计一个有趣、能够吸引客户的开场白。这样的开场白，会让客户提起兴趣听后续的方案介绍。

很多有经验的演讲者会将开场白设计成互动式的，尽早明确地告知客户他们要传递什么样的信息，达到什么样的目标。比如说，你可以在演讲一开始就简明扼要地介绍演讲主题，再抛出一些统计数据或是讲一个小故事来吸引客户的注意力。数据也好，故事也罢，都是想在客户脑海中形成特定的情境，迅速地引领客户进入你的语境，让客户更有效地理解你的主题和观点。

第二部分是演讲的主体。

主体部分，你的讲述要条理清晰，要清楚地告诉你的客户你要讲哪些要点，然后一一列举。在讲解要点时，你要注意要点之间的过渡，要注意体现你的方案赢单的唯一性，展现你赢单的信心。记住，呈现赢单唯一性时，你要多列举数据，让唯一性量化，这样才有说服力。

第三部分是演讲的结尾。

演讲的结尾不单指演讲的结束语，而且包括最后对整个演讲的小结和反思。

一是要检查演讲的"战果"，如果客户在演讲中问过问题，你要从你的角度做一个归纳回应，谈谈你的理解。二是要消除一些客户的误解，保证你和你的客户意见一致极其重要。三是要在最后再次突显你的专业性。

灵活运用演讲套路

在具体的演讲中,组织语言来准确表达还是有它的套路的。我建议你参考以下三种设计,更好地完成你演讲的开场白、主体和结尾。

第一,我称之为"建一个坡道"。在演讲的开头,你不能定调过高,要学会,从小细节或是小故事切入,慢慢地深化演讲内容。美国前总统奥巴马就经常从女儿的日常谈起,以小见大,逐步探讨更为深刻的国家民族议题。

第二,就是要挖掘演讲中的甜蜜点。演讲时,你要有逻辑、有条理地表达议题的要点。但是有时候,你的要点陈述要点到为止,不说得过分透彻,而是让听众主动地去回味思考。此刻你的要点就会变成你演讲的甜蜜点,让听众反复咀嚼。

第三,是在演讲结尾时引起听众共鸣。你在结尾时要用一些振奋的话、鼓励的话,让听众感受到你了解他们,你始终和他们在一起,从而引发共鸣。针对方案演讲,你要让客户感受到你和他们是朝着一个目标在共同努力,这通常会给客户留下深刻的印象。

日常演讲训练

为让自己在真正演讲时表现得更加自然、自信,你需要平时就多做相关的训练。在这里,我要分享我的训练经验,教你重点从六个方面进行练习来提升自己的演讲效果,增强自信心。

第一,练习你的眼神交流。

你要学会在演讲时多与客户眼神交流,增强互动。

第二,练习控制你的声音。

演讲时说话的节奏不宜太快或太慢,音量也不宜太大或太小。

没有经过训练这些都是不好拿捏的。你需要反复尝试，选择最适合演讲的语气、语速、音量和停顿，带给客户最舒适的听觉感受。

第三，练习你的肢体语言。

演讲时，你的双手手背是交叉的还是分开的，把手放在口袋里还是叉在腰上，手势动作的幅度大小等，这些看似不经意的动作细节多少都会影响你的客户，给他们留下某种印象。因为很多肢体动作都是下意识的，所以你平时就要有意识地练习控制，比如注意手掌和指尖的指向，尽量让你的肢体语言释放出友好的信号，以带给客户舒适的感受，而不是压迫感。

第四，练习你的过渡语和习惯语。

过渡语和习惯语往往会在你思考的过程中下意识地脱口而出。因此，设计一些好的过渡语和习惯语有利于提高你表达的流畅度。

第五，练习调动你的热情。

你要知道，你的热情和积极的态度是可以传递给你的客户的。

第六，丰富演讲内容的表现形式。

在演讲过程中，恰当地使用幻灯片、小视频等都是非常有帮助的。你可以在平时多学习这些小技巧，适时地运用到你的演讲中。

讲好你的方案

当你有了自信，敢于向客户做方案演讲了，你就需要重点学习如何讲好你的方案。鉴于方案本身的多样性，讲好方案的方式可能有很多种，但有四种非常糟糕的情形是你要极力避免的。

第一种，你的演讲让客户觉得方案与他们无关。

如果你对客户的了解不够深入，就会出现这种状况，此时你会非常被动。因此你要进一步了解你的客户，挖掘他们更深层次的需求，即需求背后的需求。

第二种，你所表达的客户需求与客户真正的需求无关。

很多销售人员做方案演讲的时候，表达的都是自己公司的诉求而不是客户的需求，客户怎么会不质疑呢？

第三种，演讲内容过于复杂，没有重点。

你的方案演讲应主要呈现解决方案的重点，也就是客户关心的重点，而且重点的数量不要超过三个。集中演讲的火力，让这不多的两三个重点深深印在客户的脑海中。

第四种，演讲内容过长，没有逻辑，容易让客户遗忘。

根据我的经验，方案演讲中，文不如数，数不如表，表不如图。你做大段的文字陈述，不如给客户一些具体化的数据；罗列数据，不如提供给客户一张对照表格；复杂的表格，有时不如一张图片来得直观。如果你不希望被客户遗忘，那一定要在讲方案时清楚表达你会给客户带去的利益，这比其他任何内容都有吸引力。

小 结

想要做好方案演讲，你首先要克服对演讲的恐惧，提升演讲的自信。做好充分的方案演讲准备，设计好演讲的开场白、主体、结尾，灵活运用演讲套路，能很好地建立起你的演讲自信。

日常六方面的演讲训练也能帮助你适应演讲、增强自信,从而获得更好的演讲效果。克服恐惧后,你会更关注自己的演讲对客户的吸引力。你要尽量避免四种糟糕的方案演讲情形,要讲与客户相关的内容,谈客户所需,说客户想听的方案重点,论述客户关注的利益,这样你的方案演讲才能令人印象深刻。

思考题

1)在做方案演讲时,你经常会有的困惑是什么?
2)回顾过去的方案演讲,你认为你最需要进行开场白、主体还是结尾的练习?
3)过去的演讲经历中,你最想分享、探讨客户的哪些反应?

本讲语音二维码

准备你的备选方案　第28讲

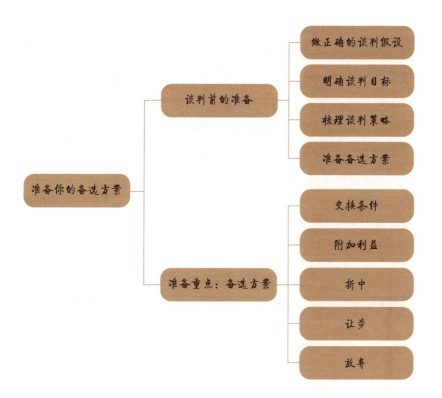

如果客户接受了你的解决方案，或者给了你一个接受的信号，那么我们就要继续向前推进流程，进入商务谈判的阶段。这一阶段也充满了变数，你要做好充分的准备，不单是事前准备你谈判的具体内容、运用的策略，更要预想各种可能的谈判结果，做好备选方案。

这一讲我们就来讲讲商务谈判，讨论一下谈判前你应当做哪些准备，重点分析谈判可能会有的结果以及你的应对方案。

谈判前的准备

在正式进行商务谈判前，你的准备工作主要有四个方面。

第一个方面，你要做正确的谈判假设。

你需要猜想正式谈判中客户会如何和你谈、谈什么内容，也就是对谈判进行假设。如果你想在谈判中获得主动地位，就要尽可能地搜集各类客户信息，验证、修正你的假设。

第二个方面，你要明确你的谈判目标。

谈判的目标是比较容易设定的。你可以拿起一张纸或是打开一个 Excel 表，参考表 28-1，写下你必须坚持的谈判目标有哪些，你认为自己在谈判中可以争取的目标有哪些，哪些目标的达成又是你可以让步的。只有明确各种谈判目标的优先级，你才会知道在谈判中首先要达成什么，才能获取主要的利益。

表 28-1 谈判目标的设定（示例）

谈判内容	公司要求	谈判目标	对方可接受	说明
销售价格	九折	九五折	九折	可以争取
账期	货到付清	货到付清	货到付清	必须坚持
交货时间	三个月内	两个月内	两个月内	可以让步
结算方式	现汇或承兑	现汇	现汇或承兑	可以争取

（续）

谈判内容	公司要求	谈判目标	对方可接受	说明
质量保证金	5%	无	5%	可以让步
保修期间	一年	一年	三年	必须坚持

第三个方面，你要梳理你的谈判策略。

你可运用的谈判策略可简单归类为四种：换位思考，不要等价交换，使用一个标准的谈判方法，循序渐进。

第四个方面，你要为谈判可能有的结果做好备选方案。

切记，在推开谈判会议室的门之前，你一定要准备好五种可行的方案作为你的备选方案，这样你才能沉着应对谈判中的各种状况。谈判新手尤须谨记这一点。

准备重点：备选方案

我们已经知道谈判可能会产生不同的结果，那究竟有哪些结果，你又须准备怎样的备选方案才能达到最好的谈判效果呢？

方案一：交换条件

谈判时，客户可能会对我们已提供的解决方案中的部分内容提出异议，希望能够换得更优厚的条件或是有更多的要求，此时，你要准备什么样的备选方案来应对呢？

你可以先思考一下下面两个案例。

第一个案例，客户对你的送货期限有意见，希望能每天送一次，但是依照你公司的规定，一个星期只能送货两次。你作为谈判的销售人员会怎么做呢？

第二个案例,客户要求你所提供的材料必须是高科技材料,那么你要怎么回应呢?

我会建议在你在第一个案例中提议,如果客户能够把合同从6个月延长到18个月,你的公司就可以每天送一次货。

在第二个案例中,你可以告诉客户,使用高科技材料的话,你的报价要提高10%。同样,如果客户提出你报的材料的价格要比他们所能承担的高10%,你可以回应说:"好,那么我就换另一种材料,它的价格要比现在的价格便宜20%。但它的质量要比原来的材料略差些。"

以上的回应建议,其实采用的就是第一种备选方案——交换条件。你要选择双方能共赢的、可交换的条件,尽快地促使双方达成相互认可的谈判结果,赢下订单。在你去谈判的路上,就要检查一下你是否已经为与客户的双赢准备好了交换条件。

方案二:附加利益

面对客户对你所提出的各项条件的异议,除了采用交换条件这一备选方案,你还可以选用第二种方案——附加利益。你可以给出另外一些有弹性区间的条件,如果客户满意,就能达成彼此都接受的谈判结果,就能让客户尽快下单。

举例来说,你的客户觉得报价过高因而要求降价,经过深思熟虑,你认为从整个系列产品的价格结构考虑无法降价,但可以提供给他一个月的免费服务,这就是给予了你的客户一些附加利益。

再比如说,有用户想要租你的办公室,与你签一个长期的租约,他可能会要求降价。你如果直接告诉他说没有办法降价,但可以申请让他提早一个月搬进来，等于让他免费使用这个办公室一个月，这就是给他提供了附加利益，来促进谈判。

方案三：折中

第三种备选方案是最普遍使用的，那就是折中——就不太重要的分歧适时小步退让，加快成交。

比方说，客户不同意你所提出的付款条件，认为"先支付三分之一货款作为定金，等三分之一货物到库后，三十天内再支付三分之一的货款"这样的付款方式资金压力过大。这时你说："好吧，那我们把首付的三分之一定金改成六分之一。"这就是一个适时的折中。

还有一种常见的折中情况。客户往往会问你累计数量折扣，以享受相应的折扣优惠。如果客户希望将累计折扣的时间从六个月延长到八个月，你可以与他商量说，延长两个月十分困难，但可以考虑延长一个月，将他享受折扣的累计折扣时间从六个月变为七个月。

方案四：让步

有些问题光靠折中是无法解决的，在谈判的最后时刻，你可能需要在一些无关紧要的问题上做出让步，只为达成你们的交易。让步正是你的第四种备选方案。

例如，客户同意并已经准备与你签约，只是要求你把第一张付款通知延迟三个星期再发出。客户提出这个要求是为什么呢？实际是方便他把此次付款计入下一个会计年度。基于这样合理的理由，你是完全可以同意他的要求的，何况这不会对你公司造成任何实质性的影响。你在此的小小让步，能让客户感激你的体谅，让你们的合作前进一大步，达成最终的合作协议。

可能你的客户还会有些更为细节性的要求，比如客户要求送货分别送到三个分部，而不是之前协商的客户公司总部。尽管这些要求处理起来会烦琐些，会小幅增加你公司的工作量，但与合作达成的结果相比，显然非常值得你做出让步。

方案五：放弃

为应对谈判中客户新提出的各样要求，我们准备了交换条件、附加利益、折中、让步四种备选方案，来尽量满足客户的要求，以达成最终的合作，赢得订单。但所有这些妥协都有一个前提——不能真正有损自己公司的利益。

如果考量了前述四种备选方案以后，你发现还是无法回应客户的要求，再妥协下去只会损及己方的利益。那么，你就要勇敢地承认做不到，放弃这次合作。

千万不要忘记，我们的备选方案共有五种，放弃正是你最后的选项，而不是你的失败。

在了解了这五种备选方案并做好方案准备之后，你就能充满信心地推开谈判会议室的大门，因为你真的已经准备好了。

小　结

这一讲我们主要关注了商务谈判。在正式谈判前，你要做好准备工作，包括做正确的谈判假设，明确谈判目标，梳理谈判策略，准备备选方案。

针对可能的谈判结果准备备选方案是你谈判准备的重点。你有五种备选方案可以选择，分别为交换条件、附加利益、折中、让步，以及在不能双赢情况下的放弃。

思考题

1）在合同谈判前，你是如何准备你的备选方案的？
2）谈谈你的谈判底线是什么？而谈判最后的结果又是什么？
3）你谈判失败的经历有什么原因吗？那些原因可以和我分享吗？

本讲语音二维码

销售的谈判技巧 第29讲

```
                                         ┌─ 有勇气寻找更多的信息
                      ┌─ 谈判高手的特点 ──┼─ 敢于狮子大开口
                      │                  └─ 有耐心与对方展开持久战
    销售的谈判技巧 ────┼─ 十二种谈判技巧
                      │
                      └─ 以开放的意志对话
```

第 28 讲 "准备你的备选方案"讲了商务谈判前应做哪些准备，当准备充分的我们信心十足地开启谈判，我们该如何让这种气势在谈判中延续，从而把握谈判的主动性呢？

为此，你要懂得运用谈判技巧，努力把自己培养成为谈判高手。其要诀就在于，你要能注意到，客户想听什么，什么是对他们有帮助的，什么是对他们有价值的。

在本讲有限的篇幅中，我希望借由两本经典图书的推荐，给你一些谈判的指点和启发。在去谈判的路上，你可以简单翻阅这一讲，提醒自己在谈判中适当运用技巧，来达成自己的谈判目标。

谈判高手的特点

在学习谈判技巧前，你首先要了解真正的谈判高手是什么样的。在此，我向你推荐一本谈判书——《优势谈判》。它的作者罗杰·道森（Roger Dawson）是全世界公认的最会谈判的人，曾经担任美国前总统克林顿的高参。

结合该书内容和我的个人经验，我认为谈判高手有以下三个特点。

第一个特点是有勇气寻找更多的信息。

谈判高手如何寻找更多的信息呢？答案是大胆地提问，即使多数情况下对方不愿意透露更多的信息给你，你还是要坚持不懈地提问。如果第一个被提问者不愿意回答，就去问下一个，看看不同的人的反应。

在商务谈判中也是如此，你要学会不断地勇敢提问。可能有些人会担心，自己提的问题是不是一个好问题。不要担心，只要你问了就是好问题。如果对方不愿意回答，你就换一种方式再提问。

比如，你提问说："在过去五年，你们公司经历了些什么样的变化？"

对方不愿意回答的话，你就换方式问：

"你们公司的价值观是什么？"

"你跟我讲讲你认为你们公司最成功的是哪方面？"

"你觉得在这里工作，你的未来发展方向是什么？"

"你跟我讲讲你是怎样看待你这个领域的合作伙伴或者竞争对手的？"

你要知道，你提问题是为了更好地达成谈判目标而搜集信息，所以，请大胆提问吧。

第二个特点是敢于狮子大开口。

很多谈判者似乎都没有勇气向对方狮子大开口，总担心会被对方嘲笑。你敢在买东西的时候砍一半的价格，甚至砍到原价的10%吗？你敢把成本10元的产品以50元甚至200元的价格售卖吗？谈判高手就敢这么做。

你可以参考一下日常工作中的经验。很多时候我们认为老板在年初定下的高额销售指标太过离谱，可是到了年底却总是能完成。你如果明天须交付客户解决方案，就必须要求自己的下属在今天下班之前给你。在压力之下才会有前进的动力，谈判的进度推进也是如此。

第三个特点是有耐心与对方展开持久战。

罗杰·道森曾在一次电视采访中提到，谈判高手最大的共性就是有耐心，而不是很多人认为的狡猾、强硬。真正的谈判高手不会草率地做任何决定，绝对不会因为时间的压力草草结束谈判，他会耐心等待谈判得出最好的结果。

十二种谈判技巧

接下来,我要推荐你学习谈判高手的十二种谈判技巧。

第一,开价技巧。

你要么率先开高价,要么就先不开价,等着对方开价。

第二,强调开价的理由。

第三,否定对方的开价。

对方一旦开价,你可以马上吃惊地说:"不不不,不可能,这肯定不可能。"给对方制造压力。

第四,区分真正的信息和干扰信息。

开价的时候,对方可能会说:"好吧,已经年底了,我只能开这个价了,这是最大的折扣了。"对方话语中的"年底""最大折扣"都是干扰信息,真正的信息只有他所报的价格。你要学会撇开这些带有情绪的干扰信息,找到唯一对你有意义的真正信息。

第五,给对手制造沉默的压力。

在谈判过程中,有时候你一声不响反而会带给对方更多的压力。

第六,警惕让步的递减效应。

谈判中,你要谨慎地让步,因为你一旦做出让步,可能就会步步后退,直到最后退无可退。

比如说,你和客户设备处处长谈价格时定了35%的折扣,门突然打开了,客户副总裁进来,要求40%的折扣,你同意了。如果此时客户董事长再进来,要求50%的折扣,你该怎么办?这就是你要警惕的让步的递减效应。

第七，学会采用"如果……可以……"的句式。

这种句式往往应用于与客户交换条件、讨论附加利益时，你要善于使用它来促成谈判。

第八，给出多套方案。

第九，制造时间进度上的压力。

第十，突出损失。

你要学会适时展示你的让步、损失，让对方看到你的态度。

第十一，安排反对派。

比如买房子时，你会和销售人员说："唉，我非常喜欢这套房子，但是我太太反对。"虽然事实上你太太跟你的观点是一致的。这么做是为了增加谈判时你这边回旋的余地，也让对方能够对你妥协、让步。

第十二，安排一个上级。

设置一个上级，就像你会说自己家里的事太太说了算，是为了让谈判本身有回旋的余地。

这些谈判技巧都非常值得你反复揣摩，你可以有选择地应用在自己的谈判实践中。

以开放的意志对话

最后，我要推荐你阅读《沃顿商学院最受欢迎的谈判课》。

这本书中有三个重要数据你要了解。对谈判的成功真正起作用的，8% 是你的专业知识，37% 是你对谈判流程的了解，最重要的 55% 则是人——看你和你的谈判对象是不是谈判高手。谈判的最终结果往往取决于谈判双方之间的化学反应，看能否彼此接受。

在此，我想简单提一下麻省理工学院奥托博士提出的"U型理论"。他谈到为了开发一种新型的领导技术以应对时代的挑战，需要在个人和集体层面上培养三种能力——开放的思维、开放的心灵、开放的意志，如图29-1所示。努力与客户在谈判中以开放的思维、开放的心灵、开放的意志对话，共谋合作共赢，这正是销售人员不懈的追求。

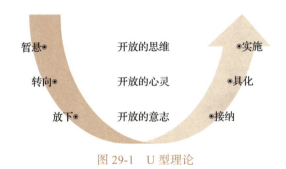

图29-1　U型理论

小　结

谈判高手通常具备有勇气寻找更多的信息，敢于狮子大开口，有耐心与对方展开持久战三个特点。他们经常运用十二种谈判技巧来增大谈判成功的概率，这些素质与技巧都是作为销售人员的你可以学习的。谈判中，你要尝试与你的客户以开放的思维、开放的心灵、开放的意志对话，因为谈判成功与否最终还是取决于谈判双方的互相接纳程度。

思考题

1）你能描述一下你心中的谈判高手吗？

2）你认为自己是否具有谈判高手的三个特点？哪一方面是你需要改善的？

3）谈判中，你最担心的是什么？

本讲语音二维码

销售的"临门一脚" 第30讲

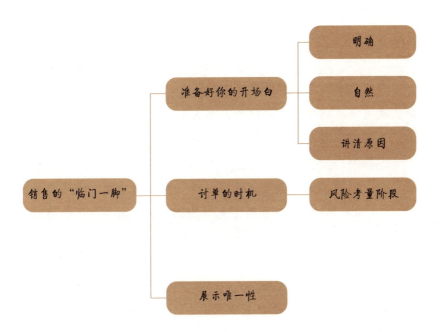

每个销售员基本上都有一定的销售指标需要完成。你的销售过程再顺利,没有销售签单这"临门一脚",你的努力就会付诸东流。这一讲就是助力你顺利签下订单,让"临门一脚"踢得漂亮。

准备好你的开场白

如何向客户讨单,不单困扰着刚入行的销售新人,甚至对工作多年的销售人员来说,都是销售签单中首个让人头疼的问题。我自己公司的杰西在刚入行时就碰到了这个难题。在正式回应这个问题前,我们先来看看杰西的故事。

觉伟的故事

杰西是我自己公司做销售工作的员工。之前她是一名中学老师,没有一点销售经验。但是,她从普通销售员做起,一步步成为销售经理,乃至销售总监。

杰西刚进公司时,销售员是一个季度有一个指标。快到季度末了,刚来不久的杰西还没有签下一张销售订单。我问杰西:"杰西,你有单子吗?"杰西支支吾吾地告诉我有个单子她在盯,但就是没有签下来。于是,我让杰西带我去见那个客户陈总。

见面后,我向陈总询问了他对销售员杰西的印象。在我面前,陈总大大夸奖了杰西,说杰西不仅懂产品,而且在销售过程中非常专业,他个人非常喜欢杰西。于是,我问陈总:"陈总,既然你喜欢我们公司的产品,对杰西的销售工作也很满意,那为什么还不下单呢?"这一问,陈总看了我许久,突然转向杰西说:"杰西,你怎么从来没有向我讨单啊?"

从这个真实的案例你可以看到，如果销售员不敢讨单的话，就无法完成销售指标。你必须时刻准备着，勇敢地向客户讨单。当然，讨单也有技巧，有三种很好的开场白可以帮助你在关键时刻向客户讨单。

第一种是明确的开场白。

你可以看着你的客户说："陈总，我们已经谈了这么久了，这又是季度末，我希望我们能早点签单。"

第二种是自然的开场白。

例如说："陈总，如果我们这个项目再不签的话，会对后面项目的进程有影响，耽误项目实施的进度。"或者说："陈总，这个单子还不签的话，我的老板要骂我了，我是一个新做销售的，到现在还没签过一个单。"

第三种是讲清原因，向客户表明自己到来的意图和背后的原因。

你可能会说："陈总，我今天坐动车当天来回的原因就是我想签单。如果我们还不签单的话，后面的生产会来不及。"你除了要说明为什么今天坐动车来回，还要解释清楚为什么后续生产会来不及。

讨单的时机

想要成功讨单，光有好的开场白并不够，我们也要讲究最好的时机。因为在销售的不同阶段，客户的考虑重点也会不同，这就要求我们掌握销售周期。

图 12-1 呈现的是大客户销售的周期和决策过程图。这是我

非常喜欢的一张图，无论办公室搬到哪里，我都会把它打印出来贴在墙上，甚至会要求我所有的销售人员也这样做。

根据这张图，你可以发现，销售周期分为三个阶段。

第一个阶段，客户往往最关注他们的购买需求。所以，你要了解客户的需求，才能提供一个能满足客户需求、达到客户所要求的标准的产品或者方案。

第二个阶段，客户在想要得到他们所需要的产品和方案的同时，会非常关心成本，看这个产品或方案是不是在他们的成本预算之内。比如说，某位客户需要的是一般网速的通信产品，你向他推荐了 5G 产品。后者的品质固然更好，却因为价格因素很难让客户接受。你必须从成本角度为客户考虑该选用什么样的解决方案。

第三个阶段，就是客户的风险考量阶段。客户得到了一个好的解决方案，而这个解决方案又在其成本预算之内，那么接下来他们最担心的就是风险，会考虑你是不是一个值得信任的合作对象。这个阶段也是在下单之前客户最容易放弃订单的犹豫期。因此，你要练好你的"临门一脚"，把握时机，将你的单子签下来。

展示唯一性

"临门一脚"的关键在于你能随时向客户展现你的企业的唯一性。正确列举唯一性，是赢单最重要的一步。那什么是你的企业的唯一性呢？

在我做销售培训的时候，我会让学员在课堂上列举客户的个人需求，十分钟内他们大致会列出六七个。但是，如果我让学员在十分钟内列出他们企业的唯一性，他们列举的数量可能会达到 20 个。他们会很自信地认为自身企业的诸多产品、技术等是独一无二的。可等我给学员们十分钟时间互相讨论之后，每个学员所列唯一性的数量就会缩减至 5~7 个。这是为什么呢？因为在这十分钟里，他们会了解到很多自认为独一无二的优势其实竞争对手也具有。

所以说，列举赢单的唯一性是一个非常好的练习，让我们明白唯一性并不是简单的定义。我们所说的唯一性要能经得起我们自己的批判性思考，经得起他人的挑战。在这之后，我们才能把我们的唯一性展示给客户。

觉伟的销售练习

现在，请你准备好一支笔，设定十分钟的倒计时，在表 30-1 中列出你的企业赢单的唯一性，看看你的企业真正的唯一性是什么。

请把你的企业和它的竞争对手比较一下，再写一次你的企业赢单的唯一性。

表 30-1 企业赢单的唯一性

序号	赢单的唯一性描述
1	
2	
3	
4	
5	

完成上述步骤后，请与你的同事一起讨论，再次列举你们企业赢单的唯一性。

小　结

这一讲讲授了两个重点：一个是怎样设计讨单的开场白，表示我们需要这份订单。另一个是要练习列出我们企业赢单的唯一性。在客户往往犹豫不决的销售周期的最后阶段，毫不犹豫地向客户展示我们的唯一性，踢出完美的"临门一脚"。

思考题

1）如果你已经满足了客户的需求，你知道怎么去讨单吗？
2）看看你手上正在争取的订单，它们分别处于销售周期的什么阶段？
3）你可以告诉我你的企业的唯一性，以及你的方案的唯一性是什么吗？

本讲语音二维码

第 6 部分

销售管理

二十年来，作者始终在带领销售团队完成销售指标，在销售管理上积累了大量实战经验和销售管理秘诀，诸如使用"销售漏斗"等销售工具的技巧，对下属的激励机制等。

第31讲 销售经理的价值与角色

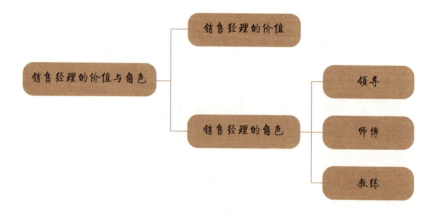

第 6 部分我们将展开销售管理的学习之旅。第 1～5 部分的主题，专业化销售、大客户销售、渠道销售、顾问式销售和解决方案销售都与销售打单有关，致力于提高你的销售能力。而"销售管理"则注重团队内部的管理和销售团队的建设，帮助已经成为管理者的你向内检视团队的战斗力。

因此，在本部分的讲解中，我会把你看作一名销售经理来和你对话，教你如何选人、用人，如何塑造你个人的领导魅力。

回顾我离开惠普以后的工作历程，我几乎都是作为各家跨国公司在中国的第一个员工，扛起它们在全中国范围内的销售指标，招人组建团队。我甚至为彰显自己的成熟，为了让团队信赖，而留起了小胡子。

当然，作为销售经理，你仅仅在外表上让自己显得更加成熟稳重并不够，你还要完成自我的定位。这里有两个问题你要思考：身为一名销售经理，你的价值在哪里？你的角色是否只有领导的角色，你还有哪些角色？

销售经理的价值

身为一名销售经理，你的价值在哪里？对于这个问题的回应，我的答案可分为三点。

第一，如果你能够应公司的要求组建一个优秀的销售团队，那么你就是有价值的。

哈佛大学的 EMBA 班曾经研究过各种经营失败的企业案例，讨论这些企业失败的十大原因。最后，研究发现最主要的失败原因就是企业缺乏销售能力。因此，你作为销售经理，负责企业的销售业务，如果没有能力组建一个销售团队，或是所组建的销售团队没有战斗力，你的企业便大概率不会成功。同时，你也就失去了你的个人价值。

第二，整合销售资源的能力也是你作为销售经理的价值闪光点。

你所能够整合的资源涉及方方面面。假设你是一名区域经理，取得总部资源便是你资源整合的重要一环。但你的资源整合远远不止于此，你还要懂得如何应用好营销策略和销售工具，要能够营造出好的工作氛围，制定有效的销售管理制度，协调好销售部门与技术、生产等其他部门的工作……像其中的销售管理制度的制定，又要求你就信贷和激励机制分别与财务部门和人事部门具体协调。这就是你的第二个价值——可以整合并且有能力整合所有的销售资源来帮助销售工作的开展。

第三，你的价值还体现在你能同时扮演好部门的领导、下属的师傅和教练这三个角色。

你担任的销售经理须领导整个销售部门，所以，你必须成为一个优秀的领导者。而你能从销售员的岗位上被提拔上来成为销售经理，就意味着相对于他人，你本身经验更丰富、能力更出众，那你要手把手地去教授你的销售团队，扮演好师傅的角色。此外，你还要能够做一个好教练，在精神上引领你的团队。

销售经理的角色

销售经理最重要的价值就在于扮演好三个角色——领导、师傅和教练，那你又该如何扮演好这三个角色呢？

第 31 讲　销售经理的价值与角色

角色一：领导

销售经理的第一个角色就是销售团队的领导。

你作为销售经理，要带领你的销售团队实现量化的销售指标，实战能力就是你领导力的体现。为完成销售指标，你要展现领导魅力，进行销售团队的组织与建设，形成你自己的优秀销售团队。然后，细化、分配销售指标，在执行过程中进行阶段性考核，让你的团队具有高效的执行力。做好这一点，是你完成销售指标的保障。

因此，扮演好领导的角色，销售经理要对自己有三点要求：

1）个人要有优秀的销售作战能力。
2）有能力组织团队完成销售指标。
3）有带好销售团队的领导能力。

角色二：师傅

上述领导这个角色，我们的销售经理往往觉得当之无愧。但是，其他两个角色经常会被忽略，甚至没有被很多销售经理认识到。第一个容易被忽略的角色就是师傅。

师傅的角色定位下，销售经理要手把手地教徒弟。你要指导你的员工去学习产品知识、公司知识、行业规范，提高他的销售能力，培养他的积极性，让他能够迅速地成长、增强竞争力。

如果你的销售团队不大，你可以自己扮演师傅的角色，指导你的下属。因为你能够成为销售经理，你的业务能力必然优秀。但当你的团队达到了一定的规模，你很难做到亲自教导每一位下属，此时你又该如何做？

为应对这个问题，不管是在惠普、IBM还是我自己创办的公司，我都建立了师徒制。每个新到公司的员工都会拥有一个师傅（一位业务能力突出的老销售人员）带领他成长。这个师傅不仅教他怎样去打单、赢单，还会告诉他出差的标准、如何报销出差费用等更为详细的实际工作要求。

角色三：教练

第二个可能不被重视的角色是教练。

当你以教练的角色面对你的员工时，你会非常关心他们的心理。员工有情绪时，你要能够平静地、耐心地倾听他们的意见，进行良好的沟通。这种倾听与沟通不仅要求你懂得心理学，还需要你怀有同理心，给下属减压，真心地关怀他们。在倾听与沟通中，你要逐步引领你的员工去发现他们自己的潜在能量。

想要扮演好教练这个角色，你自己本身应当拥有很好的素养。这样，你的员工才不会单单把你看作一个领导或者一个业务上的师傅，而是逐渐把你视为可以以开放的思维、开放的心灵和开放的意志来对话的对象以及生活和工作上的良师益友。这时，你才真正成为他们的教练。

相较于领导和师傅，教练是最难扮演好的角色。很多销售经理都仅仅是能成为师傅的将才，而不是能成为会沟通、会倾听的教练的帅才。

三个角色的对比

尽管已经了解了领导、师傅、教练三个角色该如何扮演，你在实际的工作中仍不可避免地会遇到角色选择与平衡的困难。因此，你必须掌握三者本质性的差异，方可真正驾驭它们。

让我们先来看看，当公司制定了一个指标，三个角色都会如何要求自己的销售团队。

如果你单纯将自己定位为领导，你会给你的员工分配销售指标，严格要求你的销售团队必须达到公司所设定的目标，员工必须完成他们的个人指标。

当然，你作为师傅也会希望作为徒弟的员工达到公司的目标。但不同于领导，师傅不那么功利，会更关注徒弟的技能和工作效率。在徒弟力求达标的过程中，你会手把手地教他怎样打单，甚至让他带你一起拜访高层，赢下这个单子，提高达到目标的效率。

如果从教练的角度出发，你会和你的员工坐下来，一起分析怎样拿下这个单子，该使用什么方法来赢得这个单子。你会在一对一的沟通中使用一定的沟通技巧和方法来引导你的员工。这样的做法将会给予员工更多思考。

虽然三个角色所做的都是为了完成公司的指标，然而，他们带给团队的却是完全不同的感受。

销售团队会认为，领导只是为了带领员工去完成业绩，要求员工仅仅是被领导所指示的对象；师傅会传授经验和知识来提升员工的能力，员工能在工作遭遇困难时获得师傅的辅导和帮助；教练会一对一地引导员工做出行为上的转变，就如同他们的导师。

此时，我们便可归结出，在追求达到公司指标的过程中，三个角色究竟致力于什么。

很明显，领导的所有努力就是要下属去完成他的指标，他致力于创造优良的业绩。

师傅付出了非常多的时间和精力教导员工,就是致力于传承经验,希望他的徒弟在销售能力上能够有所提高。

教练则以沟通的方式,致力于帮助员工充分地开发他们自己的工作潜能。

当我们从优良业绩的创造、团队经验的传承、团队未来的发展等角度考量,领导、师傅、教练三个角色就变得缺一不可,你作为销售经理必须能很好地平衡与转换角色。请你在做一个好领导的同时,也努力做一个好师傅,做一个好教练。

为了让你更清晰地了解什么是好领导、好师傅、好教练,在努力完成三个角色时有路径可以依循,我详细制作了销售经理领导、师傅、教练三个角色的对比表,如表31-1所示,让你能在日常工作中对照,帮助你早日成为一个可以同时兼顾三个角色的销售经理。

表 31-1 销售经理的三种角色

角色一	角色二	角色三
领导	师傅	教练
要求个人和团队去达到组织要求的目标	辅导个人或团队去达到提高效率的目标	指导个人或团队去达到设定的目标
用领袖魅力和能力去带动下属创造业绩	用专业知识和经验去指导徒弟提升能力	用沟通技巧和方法去引导员工转变行为
以业绩为目标,以结果来考量	以辅导为内容,以传教来帮带	以目标为导向,以对话来思考
发挥管理团队组织运行的执行力	让徒弟对行业知识了如指掌	专注于引导员工转变其行为
致力于创造优良的业绩	致力于传承经验	致力于开发员工的潜能

小　结

作为销售经理,你的价值体现在三个方面:组建优秀的团队、整合销售资源的能力和同时扮演好领导、师傅、教练三个角色。你要同时扮演好这三个角色,不能忽视任何一个。

思考题

1)作为一个销售经理,你在带领销售团队时有什么困惑?
2)如果让你扮演销售经理的三个角色——领导、师傅和教练,你能扮演吗?如果让你同时扮演这三个角色,你觉得你的困难在哪里?
3)在日常销售管理中,你觉得最难处理的是什么?为什么?

本讲语音二维码

组建优秀的销售团队 第32讲

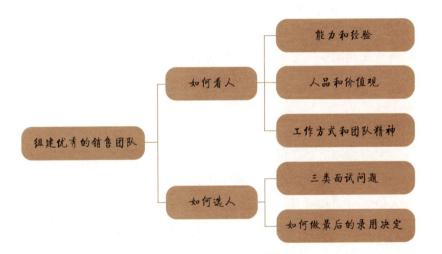

组建优秀的销售团队是销售经理体现自我价值的重要工作事项之一。想要组建优秀的团队，你所要具备的最基本的能力便是会看人、选人。

我在惠普工作初期，尽管还未成为销售经理，也没有带团队，公司就已经为我和我的同事安排了一门名为"如何面试和如何选人"的培训课程。这门课程确实帮助我们这些学习者形成了一种看人的基本价值观，让我们终身受益。在此后 30 年的销售工作中，每当我参加面试或是组建我自己的销售团队时，我便发自内心地感谢惠普这么早就把这门课程教授给我，让我较早地拥有了看人的标准和选人的方法。

现在，我要告诉你我总结的看人应考虑的三方面内容，并为你讲授究竟该如何选人，如何有效地进行面试。

如何看人

大家都知道，在组建团队时，如果选对了人，选到好的销售人员，就意味着能获得很好的业绩。一旦选错了人，也确实会浪费大量的时间和精力。选人的机会成本非常高。

在此，我们以甲骨文公司为例，讨论如何看人。为什么选择甲骨文公司作为例子呢？因为它几乎每三个月或每六个月就要招收一批新人进行培训，现在几乎 50% 的新人都有海外留学背景。这对主持招录新人的销售经理来说，也是个不小的挑战。

根据甲骨文公司的做法，我总结出看人应考虑的三方面内容。

第一，要看应试者的能力和经验。

对能力的判断还是比较容易的，可以看这个应试者是否具有相关的天赋和才智，例如测试他的记忆力、智商。在公司对新人的培训中，你也可以观察他的模仿能力和学习能力，看他有没有在销售上发展的潜力。

在进入甲骨文公司前，很多新人就已经有了相关的工作经历，经历越多，可能他的经验就越丰富。但我们在谈论经验时，不是单纯地指工作经验，还包括是否有客户资源。

第二，要看应试者的人品和价值观，这是非常值得你关注的。

你所招录的新人必须具有良好的品德。如果每次销售他都想采用不正当的手段去达到目的的话，你就要将他辞退。你应该在面试环节就好好把关，不能招收人品不合格的销售人员。

下面我也会介绍几种涉及价值观的面试问题。在面试的时候，你要慢慢地和应试者沟通，了解他的价值观，看他的价值观和企业的价值观、团队的价值观是否一致。

第三，要看应试者的工作方式，观察他是否具有团队精神。

尤其在当前互联网迅速发展的背景下，你要考察应试者是否能适应你们的工作方式。工作方式的内容包括上班制度、工作的性质、工作环境等。面试时，你就要了解他原来的工作方式与你们的是否相匹配，以及应试者是否具有适应新的工作方式的能力。

如果你判断他能够适应你们的工作方式，你还需要观察他是否有团队合作的精神。只有具备这种精神的人组成你的销售团队，团队的整体战斗力才能不断地提升。

如何选人

当我们理解了前述的看人应考虑的三方面内容，接下来就是在面试中挑选出我们所需要的人才。现在，面试的方式有很多种，有电话面试、一对一面试、小组面试等，我将不在此展开讨论面试的方式，而会侧重解答如何在面试的时候观察、评价你的面试对象。我会提供给你一些高质量的面试问题，它们能帮助你判断所面试的对象能否在上文所说的看人应考虑的三个方面脱颖而出。

目前，各大企业面试常用的十个问题包括：

1）请做一下自我介绍，或者列举一下我们录用你的理由。
2）谈谈你过去的工作以及你为什么要辞去现有的工作？
3）你希望找到一份什么样的工作？
4）你认为你的强项是什么？
5）你的弱项是什么？
6）你可以描述一下你现在的上司是一个什么样的人吗？
7）你是如何与你现在的上司相处的？
8）你的长期工作目标是什么？
9）你上一份工作的薪水是多少？
10）你对我们公司有多少了解？

这十个问题非常经典，很值得作为你设计面试问题时的参考。它们实际上是在帮助你了解应试者的基本现状，让他自己来向你陈述他当前工作的状态、强项与弱项，投简历到你的部门的原因等。

参考上述十个问题，你可能会设计自己的面试问题清单。不论你设计了多少问题,你都不能毫无章法地随意选择几个就询问应试者。你应当有条理地安排你面试问题的提出顺序,层层递进。

我将各种面试问题归为三类:基本的面试问题、棘手的面试问题、敏感的面试问题。你可以按此分类逐步提问,考验你的应试者。

三类面试问题

第一类,基本的面试问题。

在浏览应试者的个人简历后,你可以询问他一些基本的面试问题。以下五个基本的面试问题可以作为你的参考项:

1)你在专业领域取得了哪些资格和成绩?
2)你为什么希望在我们这里工作?
3)应聘这个岗位,你有哪些相关的工作经验?
4)对于过去的工作,你喜欢的部分和不喜欢的部分是什么?
5)请描述你的职业发展情况,陈述你是否对此感到满意。

第二类,棘手的面试问题。

询问过基本的面试问题后,如果你想进一步了解你的面试对象的话,可以问他一些棘手的问题。应试者听到这些问题时的反应和对问题的回答,会不经意地透漏他的性格和特质,让你对他有更深入的了解。

当面试进行了一段时间,你和面试对象都处于相对轻松的状态时,你就可以突然发问:

"唉,你认为你是天生的领导者,还是天生的跟随者?"他可能并不想直接回答这个问题,你可以等待一下,引导他想一想再回答。

接下来，你就可以问第二个问题："你可以告诉我你在工作上受批评的经历吗？"关于这个问题，他应该需要思考一会儿。你可以再次等待，看他的反应。

接下来的问题，都需要你耐心等待面试对象的回答，给他思考的时间。譬如：

"当你与上司意见不同时，你是否会把你的想法告诉他？"

"如果我问你的同事或者问你的下属，他们会怎样评价你呢？"

"你最想改变的是你的哪些性格和工作习惯？"

第三类，敏感的面试问题。

如果聆听完应试者对棘手的面试问题的回答，你还有兴趣继续了解他，或者认为有必要再考察，那么敏感的面试问题便可作为你的选择。它们会进一步揭示面试对象的个人特质。你可以选用以下五个问题：

1）你最大的缺点是什么？

2）你最难做的决定是什么？

3）通常情况下，你会如何分配一天的工作？

4）你在这家公司工作已经有一段时间，为什么薪金方面却没有明显增幅呢？

5）我们为什么要录用你，你认为有哪些理由？

这五个问题都非常敏感，却也是应试者无法回避的。提出这些问题时，你可以设计一些肢体语言，并观察应试者的反应。

例如，提出第四个问题时，你就看着他的简历，慢慢地抬起头来说："唉，你在这家公司工作已经有一段时间，为什么薪金方面却没有明显的增幅呢？"然后，你静静地看着他，等待他的回答。你收到的可能是他的抱怨，也有可能是一个解释。

如何做最后的录用决定

根据应试者对于上述面试中基本的、棘手的或是敏感的问题的回应，你将经过综合考量来决定对他是否录用。在你做出最终决定前，我会建议你再问自己三个问题。

第一，如果他卖产品给你，你是否会接受？

第二，你愿与他长久地共事吗？还是仅仅因为急于用人想要暂时招他进公司？如果你已经发现和这个面试对象共事十年以上将会是一件比较痛苦的事情，那么就请你放弃对他的录用。

第三，录用这位面试对象是否能给团队赋能，或者他的加入能否传递正能量？你要明白，只有价值观相同的人在一起，团队的工作才能如鱼得水。

如果对提给自己的三个问题，你的答案都是积极的，那么就请将这位应试者招入你的麾下吧。

小 结

本讲的重点在于教授你如何看人、选人。看人需要考虑三方面内容：能力和经验、人品和价值观、工作方式和团队精神。基于此，你可以选择基本的、棘手的、敏感的面试问题，逐步提出，考验你的面试对象，从而最终挑选出适合的人才。

思考题

1）面试的时候，我们很难直接看出面试对象的人品和价值观，那该怎么做？

2）面试结束后，你如何才能确定是否录用该面试对象？你所采用的标准是什么？

3）什么样的人是你坚决不会录用的？

本讲语音二维码

第33讲 销售指标的制定与分配

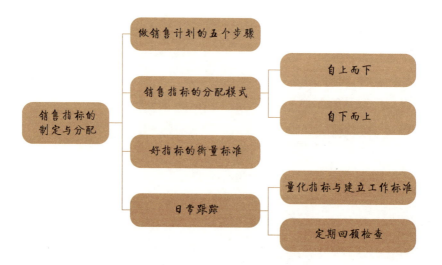

本讲我们聚焦的主题是如何制定销售指标。

对于翻阅并关心本讲内容的你，我的脑海中会浮现出你的两种形象。你可能是制定销售指标的。那么恭喜你，你的销售水平已经达到了一定的层级。当然，你也可能并没有达到制定销售指标的层级，只是关心销售指标。那么我会非常高兴地祝福你，因为可见你会对未来的销售工作是有规划的。

现在的销售培训课程中，关于设定销售指标的讲解并不多见。在此，我将把我多年制定销售指标的经历和经验与你分享。我认为这种分享对你是很有价值的。不论在波士顿、大阪还是世界其他地方，制定销售指标的情景都是一样的，每个吵吵闹闹的制定过程背后都要遵循同样的原理。

今天我就要告诉你，制定销售指标的原理和步骤。除了会做销售计划和制定销售指标，你作为一个销售总监、销售经理或者是中国区的总经理，还要学会分配销售指标。如何把制定好的销售指标分配下去，也是你要认真思考的问题。

做销售计划的五个步骤

不论是设定销售指标还是做销售计划都是有原理可依循的。只有当你清楚了解制定销售指标或做销售计划的来龙去脉，理清了你的逻辑，你才可以和老板一起坐下来讨论公司的销售计划，依据销售预测来估计、制定销售指标。

做一个完整的销售计划，通常有五个步骤。

第一步，进行销售预测，即了解你负责的区域要做多少生意。

第二步，在销售预测的基础上，和你的上司来回讨论，确定一个销售目标额，也就是销售指标。

第三步，你要将既定的销售目标额分配给你负责的区域、你的下属，即分配你的销售指标。

第四步，为达到这个全年的全区域的销售指标，你要拟定所需支出的费用，即做出相应的销售预算。

第五步，才是做一个整体的销售计划，分配你的时间，确定在不同的时间节点分别要达到多少销售额、完成多少销售目标。

你所做的销售计划可以是长期的，也可以是中短期的。通常，3～5年的计划被称为长期计划，1～3年的计划为中期计划，时长1年以内的为短期计划。

经过这样五个步骤，你便可手握一份所负责区域的销售计划，有序地展开区域的销售工作。

销售指标的分配模式

当你拿着在公司总部谈定的销售指标从波士顿或大阪回来，就将面临如何把指标分配下去的问题。一般来说，你需要从下列三个方面来考虑怎样分配你的销售指标：

第一，要考量不同区域的销售表现，例如华东区和华北区就可能不同；

第二，要根据区域的历史经验来做评估，诸如，之前的老客户或者大客户都属于哪个销售区域，公司对不同区域的战略考量如何；

第三，是你的经验判断，依据你对产品分类、部门分配和销售人员能力的认知所做出的判断。

完成了销售指标分配的方案之后,要落实销售指标的分配主要有两种方法,自上而下和自下而上。

第一种自上而下,就是你施加压力,将销售指标分配给各个区域,让你的下属们接受各自的销售指标。

这种自上而下灌指标的方法,通常适用于比较了解第一线的高层经理,并且区域内的销售人员对上层领导也有深深的信赖。此时,你手下的区域销售经理、一线的销售人员对于你销售指标的拟定是唯命是从的,不具有参与的主动性。

第二种自下而上则完全不同。其销售指标的分配过程是一个汇总归纳的过程:由一线的销售人员和区域销售经理自己确定一个计划值,领取相应的指标任务,然后层层上报。

当然,这种方法需要一线的区域销售经理和销售人员都能站在公司的立场上进行有关指标制定、分配的思考,都能以主人翁的精神去设定有挑战性的指标、好的指标。

好指标的衡量标准

那什么样的销售指标才是好的指标呢?通常有五个衡量标准。

第一个标准是公平。你所制定的销售指标要能让所有区域、所有的销售人员感到公平。

第二个标准是可行。好的销售指标应当在对销售人员具有挑战性的同时,兼顾了指标实际完成的可能性。

第三个标准是灵活。也就是说,销售指标本身要有一定的弹性,可以因应市场形势和区域情况的变化做出适时的调整。

第四个标准是可控。这也是好的销售指标所不能缺少的。你所制定的指标必须与区域的市场状况、团队的销售能力相匹配。

第五个标准要求你的销售指标是易于理解的。当你公布指标时，大家都能理解和接受你所制定的指标内容、分配的数据以及考核的标准。

日常跟踪

随着销售计划编制和销售指标分配的完成，我们会进入具体的实施阶段。为督促你所负责的区域在这一阶段完成销售指标，日常跟踪就成了你不能忽略的工作。日常跟踪可细分为两项工作内容。

第一项，你要设定和量化下属个人的指标，并且建立一套量化的、明确的、可衡量的工作标准。

个人指标的设定越细越好，比如细化到每个月或者每周所要完成的销售指标，以及所要达到的销售漏斗中潜在客户的签单率。

第二项工作是定期的回顾和检查。

你可以在每天的销售晨会上或者是下班前的30分钟，和你的下属进行销售计划完成进度的检查，形成团队定期回顾、检查的习惯。根据我的经验，这是非常受销售人员欢迎的工作惯例。

当然，要完成这项工作，作为销售经理的你必会面临时间不充裕的挑战。此时，你就要提升你的情境领导力，学会在不同的人身上投入不同的时间。你可以把你的员工分为四类，有策略地分配自己的时间与精力。

第一类是有心又有力的员工。他们有着良好的心态和出色的工作能力。你只需要拍拍他们的肩，请他们继续保持好这个状态。

第二类则正好相反，是无心又无力的员工。他们既没有积极向上的工作态度，也没有足够的工作能力完成销售任务。这类员工只需要请他们尽快离开公司，不要再传递负能量。

对于这两类员工，你无须投入过多时间与精力。

后两类员工是需要你付出时间与心力的。

第三类是有心却无力的员工。就像很多刚刚进公司的销售新人，他们有着积极向上的精神面貌，只是销售能力还有待提高，那就需要你这个销售经理花时间去辅导，带领他们成长。

第四类是有力却无心的员工。他们有着优秀的工作能力，但无法始终保持高度的工作积极性。可能因为失恋等非工作因素，他们会在一段时间里处于情绪低谷。此时，你作为销售经理就要去调动他们的积极性，让他们重新以饱满的精神面对接下来的工作。

小　结

本讲我们了解了销售指标的制定原理，以此为基础，介绍了五个步骤来编制销售计划。在制定销售指标时，我们需要注意所制定的销售指标是否符合五个标准。在分配销售指标时，我们要注意分配的合理性并选择适合本公司的分配方法。

销售指标分配的完成并不代表你工作的结束。作为销售经理，你还需进行日常销售跟踪，并根据有心又有力、无心又无力、有心却无力、有力却无心四种类型员工的特点，采取有针对性的管理措施。

思考题

1）当公司安排你负责一个销售区域时,你是如何制定并分配该区域的销售指标的?
2）谈谈你日常的销售计划检查、评估工作,以及你在日常检查中的困惑。
3）针对有心却无力的员工和有力却无心的员工,你有什么好的管理办法?

本讲语音二维码

第34讲 销售工具：销售漏斗

- 销售工具：销售漏斗
  - 什么是销售漏斗
  - 如何使用销售漏斗
    - 划分销售漏斗的阶段
    - 掌控客户关注重点的阶段性流动

有时候，我会将本书的36讲比喻为我用来打单、赢单和管理销售团队的36门武功。那么36门武功中的"九阴真经"就是本讲将要讲解的销售漏斗，是我认为最具价值的内容。

销售漏斗是对客户的销售跟踪和管理。三十多年前，我在惠普接受销售培训时便学习了销售漏斗。现今，这一经典的理论依然非常实用。通俗来讲，如果我通过销售赚得一辆自行车，那么其中一半的零部件就是凭借销售漏斗赚得的。

什么是销售漏斗

提到销售漏斗，你的脑海中或许会浮现出一个上口大、下口小的漏斗的形象。确实，我们的销售漏斗就是这样的，英文中销售漏斗为 sales funnel。

我们一般将销售漏斗分为三个部分。漏斗的顶部，英文称之为 top of the funnel，处在这里的是我们的潜在客户，即我们的商机所在。漏斗的中部，英文讲 in the funnel，处于其中的是我们有希望的客户。漏斗的底部，通常英文以 best few 称呼它，在这里的都是即将成交的客户。如图34-1所示。

通常，判断何为商机并将商机扔进销售漏斗的工作是由市场部门来完成的。这一行为我们视为商机的转换，可计算相应的商机转换率。例如，你获得了一份列有100位客户的名单，在电话联系之后，发现有10位客户是潜在客户，可以进入销售漏斗，那么你的商机转换率就是10%。

如果有一个单子从销售漏斗中掉下来，就表示你赢得了这个单子，对应的即成交率。前面的例子中，已经有10个潜在客户进入销售漏斗，假如你赢得了 1 单，你的成交率就为 10%。

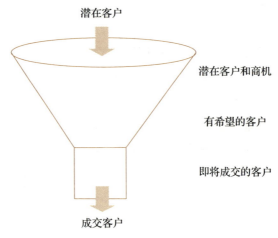

图 34-1　销售漏斗的各个阶段

当潜在客户或者说商机处于销售漏斗的不同位置时，你相应的销售重点也应当不同，如图 34-2 所示。

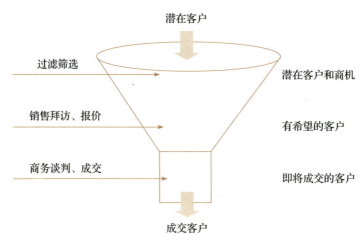

图 34-2　销售漏斗的各个阶段与你的销售重点

如果潜在客户在你漏斗的顶部，你通常要判断该潜在客户的真正需求。你要非常清楚这个客户的具体预算、决策人和购买时间，通过销售拜访，建立起与客户的关系，找出其企业需求和个人需求，着手提交一个有针对性的解决方案。

当从销售漏斗的顶部掉到中部的时候，潜在客户就变成了有希望的客户。在这一阶段，你要核查现有的方案和产品、客户的预算，确认你提供的是客户需要的方案和产品，判断客户有相应的购买能力和实施能力。你要在客户的预算之内报价，展现方案的可行性和竞争力。

这样，你的客户才有可能从漏斗的中部掉到漏斗的底部。掉到漏斗底部的就是即将成交的客户。针对这一阶段的客户，你的工作就是明确买卖条款，做好商务谈判的准备，讨论下单的流程和具体操作。更进一步的工作，则是制订付款的进度表，准备好合同签署的所有事项，甚至进行配货，组建项目实施团队。

当年在惠普接受完销售漏斗培训之后，我们销售人员各自会用一个销售漏斗来跟踪我们的潜在客户和生意。老板每次和我们回顾、检查，就是看我们的销售漏斗。可以说，销售漏斗的使用让我们对销售进展的分析、预测能有所依据。

离开惠普以后，不管在欧洲的公司、日本公司还是我自己的公司，我一直都使用销售漏斗。这也是我说销售漏斗给我带来了一半收入的原因。随着我自己公司规模的扩大，我会要求我的销售人员在每周五之前递交销售漏斗报告。

为便于销售管理和实时地控制销售的进度，我开发了自己的CRM系统。它主要的亮点就是销售漏斗，只是电脑屏幕上所呈

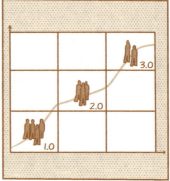

现的是一个横向的漏斗，如图 34-3 所示。一些销售类图书中，或者一些公司老板在与你交流的过程中会提到所谓的管道（pipeline），其实它与销售漏斗的基本原理是一样的，只是因为形态的差异而有不同的称呼。

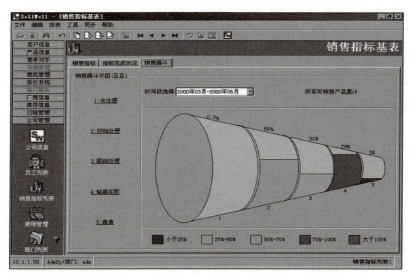

图 34-3　我的销售漏斗：蓝色 CRM

如何使用销售漏斗

我们该怎样使用手中的销售漏斗，帮助我们不断地推进销售进程呢？

划分销售漏斗的阶段

我们首先需要将销售漏斗分为几个阶段来进行管理和跟踪。通常的阶段划分是顶部、中部、底部三段，但在实际的公司管理中，经常会有不同的阶段设计出现。

以甲骨文公司为例，它的销售漏斗就分为六个阶段而不是三个阶段。这六个阶段分别是潜在的机会、项目的确定、方案的交流、入围、胜出与合同流程。我咨询的另外一家公司则把销售漏斗分成五个阶段，依次是商机的激发、需求明确和确认、方案与报价、谈判与跟踪、下单与赢单。

举这两个事例是用来说明，销售漏斗的使用不是死板地复制，而是应当依据自身的情况做出适宜的调整以便管理和跟踪，做到活学活用。我的培训中曾有一位学员将销售漏斗划分为五个阶段，分别定位为有兴趣、有动作、有信息、有合同、有进账，就非常简洁明了。

在具体操作层面，你可以将你所设定的几个阶段编入小程序，来控制你的团队，掌控你自己的销售漏斗。

掌控客户关注重点的阶段性流动

区分了销售漏斗的不同阶段，我们就要观察客户关注重点在不同阶段流动的过程，掌控销售工作从某一阶段到下一阶段的节奏。这是通过控单因素来实现的。

所谓的控单因素包括信息的因素和行为的因素。信息的因素是指你所获得的客户信息，行为的因素就是你所做的判断和销售行为。根据你获得的客户信息和你自己的销售行为，就可以观察是否能够推进你的销售。这种推进是指销售漏斗的阶段跨越、里程碑式的进展。这样你就能看到，每次的销售是不是可以控制、跟踪，是不是可以达到销售中常说的 LTC。LTC，全称是 leads to cash，表示将潜在的商机最终转化为赢单后的现金。

为实现这个目标,作为销售经理,你要提升你的筛选能力,具体来说就是提高商机的转换率,将更多的潜在客户扔到你的销售漏斗里面来。做到这一点的同时,你要利用你的销售技能和领导力,带领你的销售团队,把更多的潜在客户从销售漏斗里赢下来,不断提高你的成交率。

觉伟的故事

我公司的安妮和查理都负责销售 ERP 系统,各自所涉的行业领域对 ERP 系统都有强烈的需求。可是,查理每年完成的销售额可以达到 5000 万元,安妮则只有 500 万元。这是为什么呢?其实,平日里你只要一看他们的销售漏斗就能明白其中的原因了。

安妮的销售漏斗总是比较空,漏斗里的客户不多,而且很多都在漏斗的顶部或中部,迟迟掉不下来。我们可以从漏斗的三阶段来分析形成这种状况的原因。

在漏斗顶部的阶段,安妮不懂得如何去了解客户的需求,对客户的决策者、预算、购买时间把握不准,使得潜在客户始终停留在此。当个别客户从漏斗顶部掉落至漏斗中部时,安妮没能提供很好的解决方案,她的方案被客户认为没有特色,不符合其需要,客户也就很难再往下掉落。可能因为我们品牌的影响力,部分客户终于掉落至漏斗底部,安妮又缺乏销售签单"临门一脚"的能力,这样就无法最终拿下订单。

相较于安妮,查理的销售漏斗就非常正常。当遇到潜在客户,查理会积极地去了解对方的需求,不断地从决策者、预算、购买时间三个方面去判断哪些是真正的客户。一旦发现漏斗顶部有好的潜在客户,查理就会用顾问式销售的方法去了解客户的需求，据此自己制订或授权售前工程师制作一个优质的解决方案，再用演讲的方式和技巧向客户呈现方案，有策略地拜访客户的高层。最后，他会向客户展现自己方案和企业的唯一性以最终赢得客户。我们可以很直观地看到，查理销售漏斗的商机转换率和成交率都远远高于安妮的，他能让漏斗顶部的商机流畅地转换为订单。

作为销售经理，你其实不需要与下属聊太多他们销售拜访的细节，只要看看他们的销售漏斗，销售情况就一目了然了。

可能有一些销售漏斗很空、客户掉不下来的下属，会在销售经理查看销售漏斗前弄虚作假。这时就需要你发挥作为销售经理的智慧，根据对客户的了解和以往的销售经验，核实商机的真实性，剔除其中虚假的商机。

譬如，核查漏斗顶部的潜在客户时，你可以询问下属"你知道客户有多少资金吗？""客户什么时候会上这个项目？""你见过客户的老板吗？"等问题，如果他无法回答，你就要把这个客户从漏斗顶部拿掉。核查漏斗中部的客户时，你可以让下属展示他所制订的解决方案，如果不符合客户的需求，你就要将这个客户退回漏斗顶部。只有你的下属真的完成了解决方案，制订了客户计划，拜访过客户的项目决策者和技术把关者，展示了方案的优势与唯一性，你才能让他的客户掉至漏斗底部。

小 结

本讲介绍了销售漏斗这个销售跟踪和预测的工具，以及它的使用方法。我们首先会将销售漏斗划分为几个阶段，然后通过掌握控单因素控制销售的进程，让我们的潜在客户发展成为我们真正的客户，提高成交率。

思考题

1）你现在是如何进行销售预测的？
2）你认为在你的销售漏斗中，要实现从商机到赢单的转变，最大的困难在哪里？
3）请你估算并分析一下自己的商机转换率和成交率。

本讲语音二维码

第35讲 销售高手的成长旅程

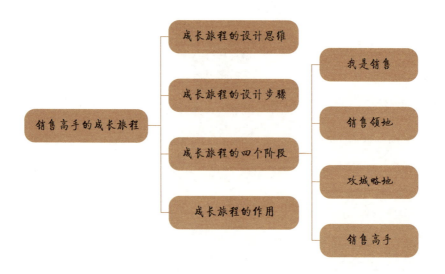

2018年初，一位非常有名的企业家来到美国硅谷，邀请还在休假中的我帮他提升公司整体的销售能力。除了提高原有销售团队的销售技能和竞争力以外，我还为他招聘了一批新的销售人员。

如果你是这个公司的销售经理，你会如何来带领这支年轻的队伍，将他们培养成销售高手呢？这也是本讲关注的核心问题：如何为你的销售团队的新人设计他们的成长旅程。这远比我进入销售行业时的销售培训更有时代气息，也更具挑战性。

成长旅程的设计思维

对销售新人成长旅程的设计，是无法通过一次简单的销售培训实现的，而需要建立一个互动式的工作坊。工作坊建立时，销售经理要有同理心，让所有新加入团队的销售人员一起来进行自我定位，思考如何成为高手。这是设计思维的运用。

设计思维的基本逻辑就是先思维，后设计。30年前惠普、甲骨文等公司所做的传统销售培训，都是让销售新人因循公司已经设计好的培训计划，一步一步地成长，最终历练成为公司所期望的优秀销售员。也就是说，销售员的成长过程是由公司设计规划好的（design to people）。然而今天，这些销售部门年轻血液的成长旅程则是为了他们而设计（design for people）、与他们共同设计（design with people）、由他们自己来设计（design by people）的。

成长旅程的设计步骤

受本讲开头提到的企业家的邀请，我召集了该公司的销售总监、销售经理和 25 位新招聘的销售人员组建工作坊，用整整两天的时间，设计出了真正属于这批年轻人的销售高手成长旅程。

我们设计销售高手成长旅程的第一步，是让销售新人认识销售，由他们来描绘销售工作的痛点、爽点和感受。这些销售新人提出的痛点特别一致，就是销售经验上的不足。他们的爽点则在于成为一名销售人员所带来的骄傲感。

第二步，我们需要定义销售高手。关于销售高手的定义，不仅要整理、归纳销售新人的所思所想，还须整合他们的经理、师傅、老销售人员以及技术部门的期待和看法，将两者结合，最终形成销售高手的定义。

第三步，我们要共同寻找解决痛点、放大爽点的方法。例如，销售新人经验不足，对产品知识不够了解，除了自己积极地学习、询问，公司是否也要建立师徒制度来帮助他们进步？如果骄傲感是大家的爽点，是否可以在赢得大单后用请客的方式来强化这种骄傲感，以激励自己进步？

第四步，由我辅导新的销售人员，告知他们成长旅程的考量标准、每个成长阶段的要求。在与他们的互动中，按照设计思维帮助他们完善销售高手的成长旅程图。

第五步，也是最后一步，我们要确定每个人的成长旅程图，以及如何对每个销售新人的成长进行跟踪、评价。在之后的具体工作中，销售经理要用这份成长旅程图不断地与他们共同回顾、检讨成长旅程，让成长旅程图的作用最大化。

表 35-1 展示了我们工作坊的"成长"大纲。

经过这五步的互动讨论,每一位销售新人都拥有了一份自我成长的销售高手旅程图。他们的销售总监、公司总经理还汇总了这 25 份销售高手成长旅程图,将它们递交给人事部门以进行每一阶段的考量。最后,销售部门把整个销售高手成长计划呈现给公司的管理层,请公司所有职能部门和高级经理都对这些销售新人进行辅导,提供相应的支持,从而让销售新人对他们的成长更有信心。

表 35-1 "销售高手成长旅程"工作坊大纲

主题	培训内容和案例分享		学员参与和互动练习
开场白	□谈谈对销售高手的理解 □描述什么算是成功销售	互动	销售人员的现状和困惑
第一节 销售的痛和爽	□用"同理心"去看新人 □给销售高手的心态画像	思考	新人的痛点、爽点和感受
第二节 如何定义高手	□整理大家对高手的看法 □把所有期待和看法归类	整理	归纳大家对高手的定义
第三节 怎么做得更好	□如何解决痛点、放大爽点 □如何不断迭代、做得更好	讨论	怎样解决痛点、放大爽点
第四节 什么是旅程图	□讨论高手成长阶段 □确定各阶段的要求	互动	制作高手成长的旅程图
第五节 高手成长旅程	□跟踪、评价销售新人成长 □怎样衡量一名优秀高手	分享	谈谈我的销售成长行动
工作坊总结	□我的销售高手成长计划		《销售高手成长旅程图》

成长旅程的四个阶段

在此,我将分享由 25 位销售新人共同参与设计的销售高手成长旅程图。我们把销售高手的成长旅程分成了四个阶段。

第一阶段可称之为"我是销售"。这一阶段销售新人刚刚加入销售团队，逐步认可自己的销售身份。

第二阶段就是"销售领地"。公司会将某些区域、某些行业分配给销售新人，他们开始有自己的销售领地来施展才能。

第三阶段为"攻城略地"。销售新人努力地抢单、赢单，获得客户，不断地成长成熟。

第四阶段为"销售高手"。在这一阶段，销售新人已经成为非常有战斗力的销售高手。

在每个成长阶段，这些销售新人都列举了相应的痛点。例如，在第一个"我是销售"的阶段，他们所罗列的痛点有实践较少、困惑较多、缺乏引路人等。这样，公司可以建立师徒制度，请经验丰富的销售人员帮助解决他们的问题。在第二个阶段"销售领地"，他们认为还是会有职责不明确、沟通难等痛点，公司就需要进行部门间的协调。

痛点的列举不仅能让销售新人们尽早地意识到职业成长中可能遭遇的问题，事先避免或者提前着手解决，还能让公司的其他职能部门了解到销售新人们的痛点，在痛点克服上给予相应的配合，使得销售新人们能够更加快速地成长。

一份完整的销售高手成长旅程图如书末拉页表格所示。

成长旅程的作用

制订一个完整的销售高手成长计划，最为受益的便是新加入公司的销售员们。通过在这样的工作坊中的互动，他们对自己职业的未来更有信心了。他们会非常清楚地了解他们将一步一步面临什么样的痛点,然后努力地去克服。他们会非常清楚地知道为完成自己的销售高手成长旅程,需要学习哪些销售技能,汲取哪些知识养分。

同样受益的还有公司、公司的老板。公司的老板可以清晰地知道为培养这些销售新人,公司要投入什么样的资源,做哪些支持,了解哪一个阶段是新人成长最困难的阶段从而尽力地给予关心与帮助。

在我为这家公司做完"销售高手成长旅程"工作坊后,很多老销售人员也纷纷提出希望加入这样的工作坊,成为更有战斗力的销售人员。相信这样的工作坊实践是符合销售人员需求的,也有益于公司竞争力的提升,值得作为销售经理的你在管理中予以应用。

小　结

制定销售高手的成长旅程,第一步,要让所有新加入公司的销售人员认清自己:我是一名销售人员,我的痛点、爽点分别是什么。第二步,要综合销售新人的想法与他人的看法、期待共同形成销售高手的定义。第三步,讨论如何解决痛点、放大爽点。第四步,一起制作成长旅程图,划分成长阶段,规划如何一步一步实现成长。第五步,当所有新加入公司的销售人员有了他们自己的销售高手成长旅程图,你作为销售经理要不断地和他们共同回顾、检讨他们的成长旅程。

思考题

1)你所组建的销售团队是否有新的销售人员?如果有,他有没有一个清晰的成长旅程？
2）在带领销售团队时，你认为新招聘的销售人员的痛点是什么？
3）请换位思考，如果你是新加入公司的销售人员之一，你觉得你是否明确了解公司对你的期望？

本讲语音二维码

第36讲 销售团队的管理秘诀

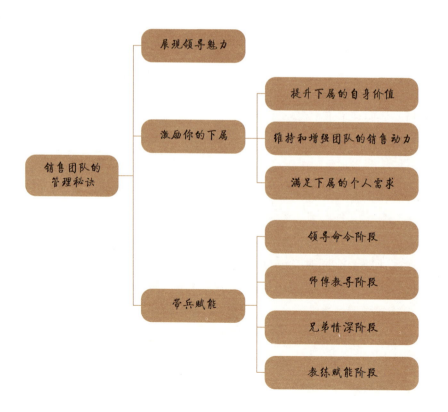

在第 6 部分的各讲中，我们谈论了诸多的管理方法与技巧。然而光有方法、技巧并不够，管好销售工作、带好团队离不开你自身的领导魅力。这一讲，我将分享自己二十年来担任各跨国公司中国区总经理的管理销售团队的经验，总结销售经理需要具备的品质，助你提升领导魅力。在增强领导魅力的同时，你也须思考该如何激励下属与你共同成长，然后在团队管理的不同阶段应用好本讲中的管理秘诀。

展现领导魅力

一名优秀的销售经理，其领导魅力主要表现在三个方面。

第一，自律守时且能为团队赋能。

我曾担任中国区总经理的公司的老板都是业界德高望重的大老板，他们基本上都已经六十多岁了。无论是带他们见客户高层，还是周末安排他们打球，他们都非常准时，有着很高的自我要求，没有所谓的老板做派。如果约定的是早晨七点在宾馆大堂见面，那么六点半之前，我的老板便已经在约定的地点等待，做好了一切准备。

不是所有人都能做到这一点，有太多人都不在意这种小小的不守时。比如约定早晨七点打球，你的球友可能六点五十五分还在高速路上，同时打电话告诉你他快到了。我的经验也告诉我，这样的人很难有所建树。

因此，想成为一名好的销售经理，自律守时是基本的素质。拥有这样品质的人也往往能不断地赋予自己团队正能量。要知道，你的销售团队从你身上学习的不仅仅有销售技巧，还有为人处世的方式。你必须时刻注意自己身上是否带有负能量，是否在工作中消极地抱怨，这些都会影响你的团队。

第二，拥有敢于接受挑战的勇气与面对挑战的良好心态。

你们销售团队的工作不可能是一帆风顺的，必定将面对诸多挑战。你作为团队的核心是否有勇气应对销售实践中不断涌现的挑战，事关团队工作的成败。你必须以身作则，勇敢地带领团队攻克重重困难来完成销售指标。

有勇气接受挑战的同时，你也要维持自己良好的心态，不能心态失衡并把你的恐惧等负面情绪传递给你的团队成员。所以，压力再大，你也要随时面带笑容，让你的下属对你和销售工作的推进都充满信心。把下属作为坏情绪发泄对象、骂人等行为就更不能出现在一名销售经理身上。这样做的你将被视为一名粗鲁的、没有领导魅力的领导者。

第三，当你如前所述在工作和生活中能随时展露微笑时，你可能也已具备了亲和力。

如何判断你作为销售经理是否有亲和力呢？你可以在以下的工作场景中去感受：团队开会时，你可以观察你的下属是不是放松，场面是不是和谐；在和下属交流时，你有多少时间面带微笑；当你在场时，你的下属是会开怀大笑，还是一直处于紧张的状态之中。

如果你想逐步培养这种亲和力，你可以尝试经常性地肯定你的下属，拍拍他们的肩膀，给予赞赏的眼神以示鼓励，甚至用拥抱表达你的支持。即使你的下属是一位语言不通的外国人，他也能通过这些肢体语言接收到你的信号，感受到你的关心、肯定与支持。他会认为你是一位非常有亲和力的领导者。

此外，你要经常主动地和你的下属交流，耐心地倾听他们的意见，帮助他们达到个人目标，这也会不断提升你的个人魅力。

等你在日常工作中真正做到自律守时且能为团队赋能，拥有敢于接受挑战的勇气与面对挑战的良好心态，具有亲和力这三点，你一定能成为备受团队拥戴和敬爱的销售经理。

激励你的下属

关于如何激励下属，你也可以从提升下属的自身价值，维持和增强团队的销售动力，满足下属的个人需求三个方面着手。

提升下属的自身价值

第一个方面是提升下属的自身价值，让他们有信心，能维持坚定的信念和良好的心态。具体来说，你可以采取以下三个措施。

一是让下属认识到自己是公司不可缺少的一员，对于公司有特别的价值。在惠普等公司，工位或编制是非常稀缺的，你可以将这点告知下属，强调公司选择他们的意义。

二是对下属委以重任，肯定他的价值。你可以委派有能力、愿意为公司付出的下属负责某一个区域、行业，或是授权他们负责特定事务，让你的下属从中获得自信。

三是让下属感受到他们自身的价值、能力备受认可。你可以安排他们参加销售训练营的培训、结营后的销售进阶认证和销售团队内部的演讲，在这个过程中进一步提升自信。

维持和增强团队的销售动力

第二个方面是维持和增强团队的销售动力。你在成为一流的领导之外，也要能成为一流的师傅和一流的教练。不断给予你的下属销售动力，是作为一流的师傅和教练要做到的。你可以在日常工作中采用以下具体的操作方式。

第一种方式是营造部门积极开放的工作氛围，大家一起学习，共同成长。只有在一种轻松活跃、正面和谐的氛围中工作，工作本身才会被视为愉快的、让人有动力的。

第二种方式就是让员工在价值观层面感到满足，对团队有归属感。具体来说，就是让你的员工感受到他与你，与整个销售团队的价值观是契合的，你们共享同样的价值观。这被视为销售目标达成之外激励员工的最佳方法。

共同的价值观，也是一种企业文化。此领域的权威学者埃德加·沙因的总结就非常值得你了解。

沙因认为，企业的价值观会反映在企业的做事方式、对待客户的态度和礼仪、企业内部相处的氛围等方面。他进一步提出了三层次的分析模型来判断企业员工的价值观与其团队的是否吻合：

1）第一层为表现层，你可以看该团队的成员是否有一致的表现行为，诸如穿同样的制服，一起晨练。

2）第二层是价值的表达，你可以观察这个团队的成员是否表达了他们的价值观，不论这种表达是以共同目标、任务还是使命感的形式呈现的。

3）第三层是一种默认的共识，就像拿回扣是我们销售团队坚决不做的，是我们共同的底线。

在这样一个三层次的模型中，你能清楚地了解到如何来构建团队共同的价值观，让你的员工在价值观层面得到满足，从而更为积极地工作。

第三种方式，也是最为直接的激励方式，是薪资和奖金。也就是说，你的激励不能只停留在精神层面，在物质层面也要有所体现。

有人力资源公司做过调研，薪资问题排在员工离职原因的前三位。企业的薪资制度是不是合理，关系到优秀的销售人员能否得到公平的回报。如果仅有付出而得不到相应的回报，销售团队的积极性会大受打击。

作为销售经理，为鼓励你的下属积极地完成销售指标，你要主动地与公司总经理、人事部门沟通，制定一个合理的薪资制度。

满足下属的个人需求

激励下属可着手的第三个方面是满足下属的个人需求。这种个人需求不仅包括之前提到的自我价值的实现、拥有团队归属感，还有得到公正的认可、金钱的奖励、职位的提升。

所谓公正的认可，就是让工作成绩优异的下属获得一种成就感。你可以在团队例会上表扬他、让他分享经验，将他的成绩上报给你的上级，甚至上报至你公司的总部，让他得到公司的认可。你也可以邀请他的家人来参加公司的活动，在他家人的面前表扬他，感谢家人对他工作的支持。

物质奖励也是必不可少的。当年在惠普工作时，公司会给予我们这些超额完成指标的精英一些额外的奖励，例如让我们带着家属坐游轮旅行，或者是在公司销售大会上，总经理会因为员工的优异表现而奖励他一支钢笔或一块手表。

职位的晋升关乎个人的职业发展，它往往意味着对个人能力的充分认可，这是每一个销售人员都希望获得的。因此，想要进一步激励你的下属，你也要关注他们的这些个人需求。

觉伟的故事

杰西原是一位中学英文老师,后来加入了我所创办的公司。在我的激励下,杰西逐步从一个销售新人成长为销售经理。

在激励杰西时,我非常注重肯定、提升杰西自身的价值。尽管刚进公司时,杰西是一个完全不懂销售的新手,我仍然给予了她充分的信任。随着杰西逐渐成熟,我授权杰西专门负责公司所招聘的外国留学生,以师傅的身份辅导他们。这让杰西认为自己是公司不可缺少的一员,自身价值得到肯定。

在杰西的成长过程中,我一直亲自指导杰西。作为领导,我定下杰西的销售指标,根据她的指标完成情况给她相应的薪酬待遇。作为师傅,我手把手地教授她如何做好销售工作。作为教练,我不断地传授销售实践经验,挖掘她的发展潜能,推动她迅速成长。

杰西也一直跟随我在不同的公司里历练,并最终迈上了销售经理的台阶。这么多年,杰西能一直在我手下奋斗,正是因为我与杰西不断沟通,形成了共同的价值观。拥有默认的共识才能让我们持续共事。

除了价值观上的契合,我也注重满足杰西在事业提升、薪酬待遇上的需求,让她有足够的工作动力。合作的这些年,杰西对我有充分的信任,相信我会给予她与工作能力、工作付出相称的报酬,给她充分的升职空间。

带兵赋能

也许你展现了自身的领导魅力,采取了激励下属的措施,但并没有立刻取得效果。此时，请不要心急，你需要进一步了解销售经理"带兵打仗"的四个阶段，根据实际管理状况，及时调整自己的管理方式，让自己销售团队的凝聚力、战斗力不断增强。

我将这四个阶段归纳为"领导命令阶段""师傅教导阶段""兄弟情深阶段"和"教练赋能阶段"。

第一阶段是"领导命令阶段"。

此时，你最重要的身份是领导，是命令者。即使下属内心对你并不认可，你依然要显示你的权威，让他们听从于你。这个阶段，销售新人的纪律会比较松散，对企业的价值观也没有很强的认同感。

第二阶段是"师傅教导阶段"。

这一阶段你最重要的身份是师傅，是销售团队信任的对象、学习的榜样。通过前一阶段的相互了解，你和下属都逐渐重视彼此的意见。销售团队中的每个人开始认同企业的价值观，个人能力得到提升。你对你的团队成员也不再是简单地命令、要求服从。你和你的下属会因彼此沟通能力的提高而有更多的对话。你们的销售作战方案将不再是由你单方面决定的，而会是整个团队讨论合作、资源协调的成果。

第三阶段是"兄弟情深阶段"。

经过之前的合作奋斗，此时你会成为你团队中销售人员的兄弟、销售打单的共同参与者。随着团队自我决定权的提升，你与下属双向沟通的程度更进一步。你会参与到他们销售打单的过程中，推动团队内的协调合作，来解决销售过程中的实际问题。你会更加尊重下属对问题的判断和意见，增强他们在销售打单中的真实参与感，给他们更多自我决定的空间。

第 6 部分 销售管理

第四阶段是"教练赋能阶段"。

最后这一阶段，你更重要的任务是扮演好团队的教练，给你的下属赋能，挖掘他们的潜能，激发他们的内在动力、自主意识，从而迅速提升他们的个人能力。在赋能阶段，你需要把你的主要精力放在创造能形成优秀团队的工作环境上。同时，你不可将自身的视野局限于团队之内，须从更宽广的视角出发，做好团队的监督者、教练。如果你很好地完成了这一任务，你销售团队的成员会感觉在前行的道路上拥有了整个团队的能量。

相信你会带领你的团队一起用销售成就自己的人生！

小　结

想要成为一名能管好销售工作、带好销售团队的销售经理，你要从三个方面不断提升个人的领导魅力。自律守时且能为团队赋能、拥有敢于接受挑战的勇气与面对挑战的良好心态、具有亲和力都是你可以努力的方向。

为了让自己的销售团队呈现好的工作状态，你也要学会激励你的下属，你可以从提升下属的自身价值、维持和增强团队的销售动力、满足下属的个人需求三个方面着手，并应用一些具体的激励方法。

在应用上述的管理秘诀时，你要关注你所处的管理阶段，不断地调整自己的定位，让自己的销售团队更有凝聚力，更有战斗力。

思考题

1)如果让你的销售团队就领导魅力给你打分,你觉得你能得多少分?哪些是你的高分项,哪些是你的低分项?
2)销售经理有领导、师傅和教练三个角色,在下属心中你更多地扮演了哪个角色?
3)销售成就人生,销售对你和你的团队来说意味着什么,有什么影响?

本讲语音二维码

学习笔记

第1部分　专业化销售

帮助你成为一名专业的销售人员，从销售人员的外在形象到内在素养全面提升，清楚客户的购买角色和需求，明确给客户的利益和价值，为自己规划销售成长的步骤。

第2部分　大客户销售

帮助你从精准选择大客户开始，运用大客户销售的四张图表，依循自我检查、制定销售策略、制作销售跟踪表、演练和展示唯一性这四个步骤，成功开发大客户。

第3部分　渠道销售

传授掌控渠道的手段，教你寻找合适的渠道经销商，学会渠道布局的八个原则；以围墙准则和有重点的谈话，有效管理渠道经销商并提升其忠诚度。

学习笔记

第4部分 顾问式销售

引导你经历从销售人员到顾问的身份转变，让你更关注客户的利益，从为客户解决问题的角度出发，通过有技巧地"问""讲""做"，用价值理念来赢得客户。

第5部分 解决方案销售

帮助你向客户自信地呈现方案，从商机判断、资源整合、方案评估到对方案演讲和备选方案的精心准备，以积淀和技巧来呈现优势，完成"临门一脚"。

第6部分 销售管理

帮助企业一号位和核心高管组建优秀的销售团队，传授销售指标的制定与分配方法。作为销售经理，要在团队中扮演好领导、师傅和教练三个角色，与新人一同设计他们的成长旅程。